UN SOIR AU CLUB

DU MÊME AUTEUR

CHRISTIAN GAILLY

UN SOIR AU CLUB

LES ÉDITIONS DE MINUIT

L'ÉDITION ORIGINALE DE CET OUVRAGE A ÉTÉ
TIRÉE À QUARANTE EXEMPLAIRES SUR VERGÉ DES
PAPETERIES DE VIZILLE, NUMÉROTÉS DE 1 À 40 PLUS
SEPT EXEMPLAIRES HORS COMMERCE NUMÉROTÉS
DE H.-C. I À H.-C. VII

L'auteur tient à remercier
le Centre National du Livre pour son précieux concours

ISBN 2-7073-1773-X

Des regrets, moi ?
Non, dit-il.

Pour Suzie seule

1.

Le piano n'était pas le violon d'Ingres de
Simon Nardis. C'était bien plus qu'un violon
d'Ingres. Le piano était pour lui ce que la peinture était pour Ingres. Il cessa de jouer comme
Ingres aurait pu cesser de peindre. C'eût été
dommage, dans le cas d'Ingres. Ce fut dommage dans le cas de Simon Nardis.

Après sa désertion, il reprit son ancien
métier. Le prétexte était de se nourrir. Se loger,
se blanchir. Au sens de blanchiment. Il s'agissait surtout de bien se tenir. Le jazz n'incite
guère à bien se tenir. Simon Nardis était pianiste de jazz. Oublié, perdu de vue, rayé du
monde, on le retrouve ici, aujourd'hui, à la
veille d'un week-end prolongé.

L'usine dont il devait s'occuper était au bord de la mer. Jamais son travail ne l'avait conduit sur les lieux de nos vacances. Pour la première fois il se trouvait parachuté dans une zone à la fois industrielle et balnéaire. La présence de la mer n'est pas indifférente. Elle joua son rôle dans cette affaire. Le travail de Simon Nardis. Je vais l'appeler Simon tout court. C'est plus simple. C'était mon ami. Le travail de Simon consistait à chauffer non pas l'ambiance d'un club, le cœur de ses auditeurs mais des hangars, des entrepôts, des ateliers ou des laboratoires. Maintenir à bonne température, donc en état de marche, de conservation, de vie, des ouvriers, des matières précieuses, voire des animaux.

Simon avait appris ce métier alors qu'il n'était encore qu'un tout jeune pianiste amateur qui se produisait dans des kermesses minables. Il l'abandonna quand il passa professionnel. Le reprit quand il cessa de jouer pour raisons de santé. Appelons ça des raisons de santé. C'est évidemment plus compliqué.

Faire fonctionner une installation de chauffage industriel, et surtout la régler, ça aussi c'est

12

assez compliqué. La technique n'intéresse personne. Il faut quand même en parler. C'est à cause d'elle que Simon a raté son train une première fois.

Des problèmes se sont présentés. Il fallait les résoudre, sur place, très vite. On était à la veille d'un long week-end. Ça ne pouvait pas attendre quatre jours. Des matériaux sensibles aux variations de température, d'une grande fragilité risquaient de se dégrader. Le tout valait une fortune.

L'ingénieur maison ne s'en sortait pas. Il ne trouvait pas la cause de la panne. Il appela Simon à l'aide. Simon bien sûr adorait ça, se rendre utile, voler au secours de ses clients, ça rendait ce boulot supportable. Sans doute mais quand même. On était jeudi soir. Simon devait partir quelques jours avec Suzanne, sa femme, chez la mère de Suzanne, sa belle-mère, les histoires habituelles.

J'arriverai demain par le train de 10 h 40, dit-il à l'ingénieur, venez me chercher, et puis ne vous inquiétez pas, ça va s'arranger. Vous croyez ? dit l'autre, il risquait sa place. Mais oui, dit Simon, c'est sûrement rien, il suffit de trouver, allez, à demain, tâchez de vous reposer, dit-il, sachant que l'autre, un garçon gentil, allait y passer la nuit.

Le lendemain, dans l'après-midi, vers 16 heures, soit environ une heure avant que Simon ne reprenne son train, ça ne s'était toujours pas arrangé. La cause était localisée mais l'installation refusait de fonctionner. Une histoire de thermostat qui ne répondait pas, ou mal, ou quand ça lui chantait, distribuant des instructions fausses. Il s'agissait de savoir pourquoi.

Je vais rater mon train, pensait Simon, et le pensant il regardait son interlocuteur, qui lui-même regardait Simon et pensait : Il va me laisser tomber, il a son train à prendre. A quelle heure est le prochain ? dit Simon. Je ne sais pas, dit l'ingénieur, ce soir, je crois, assez tard. Bon, dit Simon, je prendrais le train du soir, il faut qu'on en sorte.

L'ingénieur exulta : Formidable, dit-il, et pour remercier Simon il lui tapa sur l'épaule. La joie rapproche les gens. Il s'excusa. Quel soulagement. Ne savait plus comment l'exprimer, sa gratitude. Simon le dispensa de chercher plus longtemps. Il faut que je prévienne ma femme, dit-il, je peux téléphoner ?

Les deux hommes faisaient la navette entre les salles menacées de refroidissement et le bureau de l'ingénieur. La table de travail était couverte de plans. L'ingénieur souleva le bord en pente d'un immense schéma électrique bleu. Le téléphone est là, dit-il, et par discrétion se retira.

Il en profita pour aller se recoiffer. Se retenait depuis deux heures. Ne voulait pas s'absenter. Paraître ne serait-ce qu'un instant se désintéresser de la question. C'est idiot. On peut fort bien continuer à réfléchir devant un urinoir ou devant un miroir, ça favorise même la réflexion, dit-on, enfin passons.

Suzanne à cette heure-là était encore à son travail. Suzanne dirigeait. Je l'appelle Suzanne tout court. C'est plus simple. C'était mon amie. La femme de mon ami Simon était devenue elle aussi une amie. Ce n'est pas toujours le cas mais ce fut le cas. Il arrive que la femme de votre ami voie en vous un ennemi. Ce ne fut pas le cas. L'ennemi c'était le jazz. Il avait failli tuer son mari.

Suzanne dirigeait le service administratif et comptable dans la succursale d'un constructeur automobile. Le téléphone sonnait dans son bureau. Elle ne s'y trouvait pas. Elle était chez le patron. Elle avait besoin d'une signature. Elle était sortie en laissant la porte ouverte. De sa place à lui un collègue à elle entendait la sonnerie. Il est allé répondre.

Madame Nardis est sortie, dit-il. A la question pour longtemps il répondit je ne sais pas, puis soudain se souvint qu'en passant Suzanne lui avait dit je suis chez le patron, mais, lui-même abruti par son propre travail, il n'avait même pas levé la tête, la secouant l'air de dire d'accord, d'accord.

Elle est chez le patron, dit-il. Dites-lui qu'elle me rappelle, dit Simon, je vais vous donner le numéro, attendez une seconde. Il se tourna pour interroger. L'ingénieur n'était pas revenu des toilettes. Simon l'appela. Plus fort qu'il ne l'aurait souhaité. Sans doute sur les nerfs. L'ingénieur reparut en courant, l'air content, il croyait que Simon avait trouvé la solution. Simon dit : C'est quoi le numéro d'ici ?

Suzanne sortait du bureau de son patron.

Elle fit demi-tour. Elle serrait le parapheur contre elle. A propos, monsieur, dit-elle, ne comptez pas sur moi ce soir, je ne pourrai pas rester, je vais chercher mon mari à la gare. Elle revenait dans son bureau. Le collègue l'interpella. Il se levait, venait à elle. Il avait un papier à la main. Il faudrait que vous rappeliez votre mari à ce numéro-là, dit-il. Allons bon, pensa Suzanne. Elle s'enferma et appela Simon. Ne me dis pas que tu es obligé de rester, dit-elle, s'il te plaît, ne me dis pas ça. Hélas si, dit Simon, je te le dis, mais on n'en a plus pour longtemps, je prendrai le train du soir, ne viens pas me chercher, j'arriverai sans doute très tard.

A quelle heure ? dit Suzanne. Je ne sais pas, dit Simon, personne ici n'est foutu de me le dire. Simon le regardait. L'ingénieur prit ça pour lui. Simon boucha l'appareil. L'ingénieur comprit. Il répondit d'un geste.

On va me renseigner, dit Simon, si tu as une seconde, ne quitte pas, ou alors je te rappelle, c'est comme tu veux, enfin bref, à part ça, toi, ça va ? Du travail par-dessus la tête, dit Suzanne. Je te plains, dit Simon. Tu peux, dit

17

Suzanne. Une seconde, dit Simon, mon renseignement arrive.

22 h 58, annonça l'ingénieur.

Je prendrai un taxi, dit Simon, ne m'attends pas, couche-toi. D'accord, dit Suzanne, et puis tâche de ne pas le rater, celui-là, n'oublie pas qu'on s'en va.

La contrariété lui tourna autour puis Suzanne la chassa et elle se replongea dans son travail. Finalement je pourrai rester un peu ce soir, dit-elle à son patron. Il venait la consulter sur un dossier après être entré sans frapper. Elle en savait plus long que lui sur bien des choses. A vrai dire sans elle il était perdu.

Simon aussi l'était, perdu sans elle. Du moins l'aurait-il été, dans le passé. Perdu au sens de mort. Sans elle il serait mort.

En pleine nuit, il y a longtemps, au cours d'un engagement à l'étranger, Simon l'avait appelée d'une chambre d'hôtel. La voix de Simon sentait la mort. Suzanne a entendu le danger. Elle est allée le chercher. Elle l'a ramené, enfermé, soigné.

Heure du train connue. Question du retour réglée. Les deux hommes se sont remis au travail. La technique n'intéresse personne. Disons simplement qu'ils ne tardèrent plus à savoir pourquoi cette installation fonctionnait mal. Puis trouvèrent le moyen de la faire fonctionner bien. Le tout dura deux heures.

Vous devez mourir de faim, dit l'ingénieur. Lui-même mourait de faim. Simon le regardait sans réagir, très fatigué, pas loin de la retraite. Ils quittèrent l'usine dans les derniers.

Suzanne, c'est bonne dernière qu'elle sortit de sa succursale. Elle s'était laissée enfermer. Ça lui arrivait souvent. Quand je travaille, j'oublie l'heure, disait-elle. Et puis Simon ne rentrant pas. Elle n'avait plus de raison de s'en inquiéter.

L'agent de sécurité dut rouvrir la porte du hall pour la libérer. Bonsoir, madame Nardis, dit-il, touchant du doigt la visière de sa casquette, il avait dû voir ça à la télé, ce genre de geste, de flic américain et bon week-end.

2.

C'est quand même autre chose, l'air qu'on respire dans une zone industrielle au bord de la mer.

Simon inhala le vent marin durant toute la traversée du parking de l'usine. Il dut bientôt s'enfermer dans une voiture, celle de l'ingénieur, modèle moyen, le plus vendu en France, par le constructeur qui employait Suzanne, difficile de se dépayser.

C'était même la même que celle de Suzanne, sa voiture de service, d'une couleur différente mais la même, le même modèle. Simon eut une pensée pour elle. Ce serait quand même bien si elle pouvait me rejoindre ici, rêva-t-il, on profiterait de la mer.

Ça sentait le bébé à l'intérieur de la voiture de l'ingénieur. Simon se retourna. Arrimé au dossier de la banquette arrière, un siège de bébé. Votre femme doit vous attendre avec l'enfant, dit-il. Je l'ai prévenue que je rentrerai tard, dit l'ingénieur, je lui ai dit que je dînais avec vous. Elle vous a cru ? dit Simon. Bien sûr, dit l'ingénieur, elle a confiance en moi. Tant mieux, tant mieux, pensa Simon. Pourvu que ça dure, ajouta-t-il à cette pensée, puis demanda : Fille ou garçon ? Fille, dit l'ingénieur, je préfère les filles. Ça tombe bien, pensa Simon. Moi aussi, dit-il. Si mon fils m'entendait, pensa-t-il, il m'en voudrait.

Il se rappela le jour où de retour de tournée il eut enfin l'occasion de le conduire à l'école maternelle. Il se rappelait le poids léger du petit sur ses épaules, et son odeur. Les enfants sentent bon, dit-il. Pas toujours, répliqua l'ingénieur dans un éclat de rire. Cette ambiance de pouponnière automobile réchauffa le cœur de Simon.

Il revit Suzanne toute jeune épuisée par la mise au monde. Prends bien soin de mon fils, lui avait-il dit avant de repartir sur les routes.

Au détour de l'une d'elles on aperçut la mer puis de nouveau on s'enfonça dans l'intérieur. Vous verrez ce restaurant est très bien, dit l'ingénieur.

En tout cas l'endroit était joli. Une sorte d'auberge vieux style blottie contre un hôtel couvert de lierre. Fin mai ou début juin, nuit tombante, ciel encore clair, la lumière devait être belle sur ce petit ensemble en pierres. On y accédait par une allée de gravier. Les jardins respiraient la santé.

L'aubergiste, un grand homme corpulent roux. Salle à manger déserte. Trop tôt sans doute. On est les premiers, dit l'ingénieur. C'est calme, dit l'aubergiste. Tant mieux, pensa Simon, on n'attendra pas. Ça sentait bon. Le décor, du bois, que du bois. Nappes en vichy rose, trophées sur étagères, croûtes aux murs.

Des enceintes diffusaient une musique douce. Bien planquées, Simon fut incapable de les localiser. Vous cherchez quelque chose ? dit l'ingénieur. Je me demandais d'où venait la musique, dit Simon. Du Brésil, dit l'ingénieur. Très drôle, pensa Simon, ce petit ne manque pas d'esprit, il a retrouvé sa bonne humeur.

La musique douce en question était une boucle de standards brésiliens, samba, bossa-nova, Simon aimait bien ça. Il se souvint de l'époque où cette musique avait contaminé le jazz. Lui-même s'y était essayé. Sans grande réussite. Les Brésiliens font ça très bien. Eux seuls savent le faire vraiment bien. Un swing décalé à outrance, plein de retards et d'avances, mesures bancales avec syncopes indéfiniment retenues, suspendues, tout ça leur appartient. Simon qui écoutait sentit son corps bouger. Il prit un peu de vin.

Depuis sa désertion pour raisons de santé il ne touchait plus à rien, pas même une goutte d'alcool. Avec Suzanne il évitait les lieux où il y a de la musique. Les lieux où l'on boit. Ce sont souvent les mêmes. Simon sentait son dos bouger par une discrète, quasi imperceptible ondulation. Il prit un peu de vin.

L'ingénieur soupira : J'ai cru qu'on n'en sortirait pas, dit-il. Soupira de nouveau : Grâce à vous, je vais pouvoir passer un bon week-end. Il s'étira : Je vais pouvoir : il énuméra tout ce qu'il allait pouvoir : s'occuper de sa femme, s'occuper de sa fille, de son jardin qui au printemps réclame des soins. Et puis trier mes timbres, dit-il.

Ah bon, vous êtes philatéliste, dit Simon. Il pensait à Suzanne. Ce contretemps a dû la contrarier, se disait-il. Pas vraiment, dit l'ingénieur, mais j'aime les timbres, oui, c'est vrai, depuis que je suis tout petit, c'est ma mère qui m'a donné ce goût, elle me les gardait, elle recevait beaucoup de courrier, de tous les coins du monde.

Pour lui être agréable, Simon fut tenté de lui demander ce que faisait sa mère, dans la vie, pourquoi elle recevait tellement de courrier de la terre entière. Renonça. En échange fut tenté de raconter que lui-même quand il voyageait ne manquait jamais d'envoyer une carte ou un mot à Suzanne, sachant qu'elle donnerait le timbre au petit. Renonça. C'eût été se rappeler le temps où tout allait bien pour lui. Renonça. N'avait pas envie de raconter sa vie.

L'ingénieur racontait la sienne par gratitude. A Simon qui l'avait sauvé. Je vous dois la vie. Elle vous appartient. Vous méritez de la connaître.

Simon l'écoutant se disait : Pourquoi sommes-nous toujours si différents les uns des autres ? Comment se fait-il que toujours je m'ennuie ? Bien sûr il est beaucoup plus jeune, mais quand même. Et vous, dit l'ingénieur, vous avez un violon d'Ingres ? Non, dit Simon, pas de violon. Rien de rien ? dit l'ingénieur. Mais alors, dit-il, vous faites quoi de vos loisirs ? Rien, dit Simon, je dors, je lis, j'écoute de la musique. Quel genre ? dit l'autre. Ça dépend, dit Simon. Il se demanda si ce serait encore long, ce dîner. Ils avaient presque terminé.

Sans doute, dit l'ingénieur, mais en général, de préférence, vous écoutez quoi ? Ce garçon est très sympathique mais décidément il m'ennuie, pensa Simon. Ils viennent ces cafés ? Ils arrivent. Un peu de patience.

Incapable de garder le silence. D'écouter la musique d'ambiance. Ou bien tout simplement de profiter de la couleur du ciel, à présent d'un bleu nuit presque noir, l'ingénieur reposa sa question :

Quel genre de musique ? Simon ne souhaitait pas répondre. Pourtant ce garçon est gentil. On n'a rien à lui reprocher. Simon hésita

25

encore puis, avec une grimace obligée, style nègre clown, il répondit : Du jazz.

Il mentait. N'en écoutait plus. N'écoutait plus que l'autre, la belle, la grande, la classique, la savante. S'y était mis dès après sa désertion. Le swing lui manquait mais à défaut de swing il se gavait de beauté. Il aurait mieux fait de dire la vérité.

L'ingénieur consulta sa montre. L'ingénieur ne se tenait toujours pas quitte. Il avait encore cette envie de remercier. Sa gratitude pour s'épuiser exigeait un nouveau geste.

Je connais un club pas mal en ville, dit-il. Ah bon ? dit Simon. Oui, dit l'autre avec dans l'œil quelque chose d'un peu canaille : Alors voilà ce que je vous propose : on va y prendre un verre et tout de suite après je vous dépose à la gare : qu'est-ce que vous en dites ?

Ça demande réflexion, pensa Simon. A son tour il consulta sa montre. C'est l'heure, ça, 21 h 15 , dit-il. Oui, dit l'ingénieur, à peu près. Et il est loin, votre club ? Un quart d'heure, dit l'ingénieur.

Simon calcula : Le temps d'y aller, se dit-il, il sera 21 h 30. On y reste une heure et on s'en

va. C'est possible. Tu en as envie, au moins ?
Oui, se dit-il, ça me fera du bien. Et puis
Suzanne n'en saura rien : D'accord, dit-il, mais
pas plus d'une heure.

3.

Simon s'attendait à boire un verre dans une malheureuse discothèque de province. A première vue c'était ça.

Pendant que l'ingénieur s'y reprenait à trois fois pour garer sa voiture dans une place qui pouvait en contenir deux semblables, la sienne et celle de Suzanne, Simon regardait l'enseigne du club.

Un dauphin bondissait hors de l'eau. La tête hilare du cétacé, la moitié de son ventre, la ligne ondulée de la mer, le tout était tracé dans la continuité d'un fil de néon vert. Et pour peu, pensait Simon, proche de la nausée, du mal de mer, secoué, après dîner, d'avant en arrière, par les manœuvres, de l'ingénieur, qui n'arrivait pas à se garer, et pour peu, s'efforçait-il de penser, qu'on ait le moindre doute sur l'identité du mammifère et sur la couleur du néon, en toutes lettres du même néon vert on pouvait lire « Le Dauphin vert ». On y va ? dit l'ingénieur un peu essoufflé.

Ils traversaient la rue. Il commenta son mal aux bras. Je ne comprends pas, dit-il. Quoi ? dit Simon. Que cette voiture ne soit pas équipée d'une direction assistée, dit l'ingénieur. Ma femme aussi s'en plaint, dit Simon. Ah bon ? dit l'ingénieur. Elle a la même, dit Simon. On entre ? dit l'ingénieur. On est là pour ça, non ? pensa Simon.

Un quart d'heure de route, cinq minutes de manœuvres, il était 21 h 35. On va avoir le temps de rien, pensa-t-il en regardant la porte qui s'approchait. Enfin tant pis, on entre. Je doute qu'il y ait des musiciens. Et s'il y en a, il est trop tôt. Ils ne commencent qu'à 22 heures, en principe, au plus tôt. De mon temps c'était comme ça. Enfin bref, c'est pas grave, on les attendra. S'il y en a. Sinon, ma foi, on écoutera des disques. A quelle heure mon train déjà ? 22 h 58 ? C'est ça ?

La porte libéra une musique sous pression, enragée parce qu'enfermée. Ça aurait pu être de la soupe, c'était Coltrane. Quand on prend ça d'entrée en pleine figure, ça secoue. Simon fut secoué.

Selon son habitude le saxophone ténor triturait un vieux thème. On le reconnaissait à peine, le thème. Coltrane, si, on le reconnaissait, on l'aurait reconnu entre mille, sa façon de rajeunir les choses avant de les tuer.

Simon sidéré écoutait ça, et l'écoutant pensa ce qu'il avait toujours pensé : Voilà ce qui s'appelle un style. Et moi ? pensa-t-il sans pouvoir avancer tellement il y avait de monde : Avais-je un style ? En tout cas on le disait. Oui, mais, ce que la critique pensait et ce que moi je savais. Enfin bref, l'ingénieur le précédait.

Simon le vit parlementer avec la beauté fatiguée qui tenait le bar. Tenir est bien le mot. Elle avait vraiment l'air de défendre son comptoir assiégé. Simon pensa c'est plein, je suis fatigué, on s'en va.

Le club au sous-sol est ouvert, dit l'ingénieur. Les musiciens n'arrivent qu'à 22 heures.

Qu'est-ce qu'on fait ? Simon consulta sa montre. Il était 21 h 40. Puis demanda : Combien de temps d'ici à la gare ? 10 minutes, dit l'ingénieur.

Bon, dit Simon, on descend, on prend un verre, on attend les musiciens, on les écoute une demi-heure et on s'en va, ça vous va ? Oh, à moi, oui, dit l'ingénieur, l'air de dire, moi, ce que j'en dis, c'est pour vous. Simon dit : Alors allons-y.

L'ingénieur fit son chemin dans une foule qui faute de place au bar buvait son verre debout, n'importe où. Ensuite une porte à pousser, un escalier à descendre, une autre porte à pousser et on entre.

Nous y voilà, pensa Simon. Il aurait pu penser l'endroit est sympathique. Le penser comme n'importe quel amateur de jazz qui découvre un lieu où se joue sa musique préférée. Oui, il aurait pu le penser. Mais Simon n'était pas un quelconque amateur, il était de ceux qui le font, le jazz, l'ont fait, l'auront fait. Alors, qu'a-t-il pensé, ou plutôt, que ressentait-il en découvrant l'ambiance de ce club, une ambiance rouge, un rouge doux mais assez sombre, adouci par le rouge clair des abat-jour des petites lampes des tables ?

Je ne sais pas. Il n'a pas su vraiment me le dire. J'étais sonné, me dit-il. En infirme il se laissa conduire par l'ingénieur jusqu'à une table. Il ne regardait pas devant lui. Il regardait du côté de l'estrade vide. Pas vide de tout. Vide d'hommes. Vide de lui et qui le restera.

Une estrade pleine d'instruments. Pas grande et pleine d'un tas d'instruments. Petite et remplie par seulement trois instruments. Piano, basse, batterie. La plus belle formation selon Simon.

Un demi-queue magnifique noir. Une contrebasse rouée de coups, son vernis rougeâtre tout écaillé. Une batterie complète, ensemble de cymbales et caisses à paillettes vertes.

Simon restait debout, il regardait le piano.

Il consentit à s'asseoir quand l'ingénieur lui demanda ce qu'il voulait boire. Le barman était là qui attendait. Personnage noir et blanc. Simon bien dressé faillit répondre pas d'alcool, jamais d'alcool, plus jamais, puis se ressaisissant comme on se réveille d'un lavage de cerveau il commanda vodka et glace.

L'ingénieur avait son petit air satisfait. J'aurai tout fait pour lui être agréable, pensa-t-il. Simon ne parlait pas. Un peu ivre avant même d'avoir bu il regardait le piano. C'est le vin du dîner, se dit-il. Pas un regard pour les autres clients. Dix à douze aux tables voisines.

Chacun patientait gentiment. Presque en silence, de simples murmures. L'ingénieur, lui, regardait les gens, puis Simon, puis les gens, il avait le sourire, puis Simon, se demandant : Quoi lui dire en attendant les verres ?

A 21 h 50 les trois musiciens arrivèrent. Ils sont en avance, tant mieux, pensa Simon. Bon sang, pensa-t-il, qu'est-ce qu'ils sont jeunes. Les voilà, dit l'ingénieur. Je les vois, pensa Simon.

Décontractés, finissant de plaisanter avant de s'y mettre. Ça au moins ça n'avait pas changé. Cette tendance à toujours plaisanter. L'éternel mauvais goût des plaisanteries des musiciens de jazz.

Ils étaient trois, donc. Un trio piano. La plus belle formation selon Simon. Trois jeunes garçons d'allures diverses. Le pianiste : grand beau jeune homme à lunettes lui donnant un air de

Nobel de physique nucléaire américain. Le bassiste : également grand mais chien fou tout blond à poils ras. Le batteur : très brun, moustache de Mongol, court et trapu. Excellents musiciens.

Simon se paya la chair de poule aux premiers bruissements de cymbales du batteur qui s'installe, aux vibrations de la basse du bassiste qui s'accorde. Puis on échange un bref regard, un dernier sourire et on attaque. Ils attaquèrent avec un vieux standard, *On Green Dolphin Street*, qui leur servait d'indicatif de début et fin de set.

Ne serait-ce qu'à sa manière d'exposer le thème, puis ensuite et surtout quand le pianiste commença d'improviser, cette façon d'engager son solo, de l'annoncer, de l'introduire, d'en afficher l'esprit d'emblée, Simon me disait avoir été saisi d'une curieuse impression.

Moi qui vous parle, qui suis en train de vous raconter la courte histoire de Suzanne et Simon, je suis peintre. Et je ne sais pas ce que je ressentirais devant une peinture qui serait la parfaite imitation de l'une des miennes, ça ne m'est jamais arrivé.

Ou ce qu'un écrivain ressentirait en lisant un livre dont le style serait la parfaite imitation du sien. Je n'en sais rien. Ce que je sais, il me l'a raconté, c'est que Simon s'en trouva extrêmement mal à l'aise. Je comprends ça. Sur le moment sans trop savoir pourquoi. Dépossédé de lui-même depuis tellement d'années il n'osa même pas y penser en termes de dépossession. Il a juste pensé : Si à sa place je jouais ça, je le jouerais comme lui.

Il n'avait pas joué depuis tellement longtemps. On perd la mémoire de son jeu. On oublie qu'on avait peut-être un style. Mais peu à peu en écoutant le jeune pianiste Simon se rendit compte que c'était lui, l'autre, le jeune, qui jouait comme lui, comme jadis il jouait.

Simon avait donc un style, et si j'insiste sur cette question c'est que je pense que les doutes de Simon ont largement décidé de sa désertion. Un style qui avait laissé des traces, sensibles au point d'influencer de jeunes pianistes.

Encore un mot. Simon n'a jamais voulu le reconnaître, mais sa manière de jouer avait pas mal chamboulé la pratique du piano en jazz. Voilà, j'ai fini. Puis il a déserté. On l'a oublié.

D'autant plus vite qu'il dérangeait. Pas moi.
Personne n'a su ce qu'il était devenu. Moi si.
On est restés amis. Alors je continue.

4.

On distingue, en gros, deux catégories
d'amateurs de jazz, les calmes et les agités.
L'ingénieur claquait des doigts. Il tapait aussi
du pied. Et il secouait la tête de haut en bas.
Simon détestait ça. Il était sur le point de
l'engueuler. Il hésita. L'ingénieur s'était mis en
quatre pour lui faire plaisir. Il avait payé le
dîner, le vin, il venait de payer les vodkas, se
trémoussait parce qu'il aimait ça, mais aussi
pour participer, manière d'épuiser son besoin
de remercier. Simon s'abstint de le froisser.
    Les trois jeunes jouaient bien. Ça tournait
impeccablement. On ne sait jamais trop pourquoi ça tourne bien mais quand ça tourne bien
on s'en rend compte. Simon savait pourquoi.

Ces trois-là sont très bons, pensa-t-il, le jazz n'a plus besoin de moi. Dès cette pensée il eut envie de partir.

Il était 22 h 20. Mais l'idée de s'en aller sans avoir touché à ce piano le rendait malade. Il voulait jouer. En même temps se sentait incapable d'imiter son imitateur, de revenir au niveau, tout de suite, maintenant, de ce jeune brillant jazzman. Je suis trop vieux, pensa-t-il.

Dépassé, c'est bien ça. Son fils déjà le dépassait sur bien des plans. Ça n'a rien à voir mais quand même. Dépassé par un jeune qui avait tout assimilé de son jeu et qui maintenant jouait mieux que lui. Mieux, mieux, qu'est-ce que ça veut dire, jouer mieux ? pensa-t-il. Non, il ne s'agit pas de ça.

Simon brûlait de toucher à ce piano pour faire entendre ce qu'un style a d'inimitable. Autrement dit et j'en aurai fini avec Simon et la question du style, il voulait croire qu'après dix ans de silence total il pouvait encore jouer comme personne jamais ne jouera.

La vodka circulait dans son cerveau. La vodka faisait fonctionner son cerveau. Son cerveau fonctionnait comme il n'avait pas fonctionné depuis au moins dix ans. Pas mieux ni plus mal, autrement. Plus librement peut-être. Son cœur aussi battait différemment. Il soupira, frissonna puis se mit à trembler. Sa décision était prise. Il sut qu'il allait y aller, y toucher à ce piano, s'en emparer. Il était 22 h 30. S'ils pouvaient avoir la bonne idée de faire la pause un peu plus tôt, pensa-t-il, je voudrais juste y toucher, j'y touche et puis je m'en vais. Il tremblait. L'ingénieur écoutait, toujours en s'agitant, c'est fatigant. Vous n'êtes pas fatigué ? dit Simon. Ça va, dit l'ingénieur, et vous ? Ça va, dit Simon. Ça swingue, n'est-ce pas ? dit l'ingénieur. Oui, dit Simon, ça swingue, mais ne pourriez-vous pas ? Non, rien.

C'est l'attente qui l'épuisa. Brève attente pourtant. Elle ne dura que dix minutes. Epuisante cependant. Quand on attend depuis dix ans. Sans savoir qu'on attend. C'est encore plus tuant.

Dix ans et dix minutes. Il aura attendu dix ans et dix minutes. Pour se dégonfler ? Peut-être. Allons-nous-en, pensa-t-il, c'est ridicule. A quoi ça m'avancera ? Le hasard, appelons ça comme ça, s'en mêla.

Le trio fit la pause un peu plus tôt. Ça s'est trouvé comme ça. Il venait de jouer trois ou quatre thèmes, tous inscrits jadis au répertoire de Simon.

Ils expédièrent très vite les dernières mesures de *On Green Dolphin Street*, indicatif de fin de set, puis s'arrêtèrent, se levèrent, et recommençant à plaisanter sous les applaudissements ils se dirigeaient vers le bar. On va peut-être y aller ? dit l'ingénieur. Il était 22 h 40.

Simon se leva. L'ingénieur aussi. L'ingénieur le précéda. Dépêchons-nous, dit-il. Parvenu à la sortie il ouvrit la première porte et se retourna. Simon n'était plus là. Il le chercha. Le vit là-bas. Il montait sur l'estrade. Mais qu'est-ce qu'il fait ? se demanda l'ingénieur. Simon s'asseyait devant le piano. Il est soûl ou quoi ? Il a vu l'heure ?

Il revint sur ses pas, l'ingénieur, chemina entre les tables, s'approcha de l'estrade, intimidé, on pouvait le prendre pour un bassiste ou un batteur. Avec son ongle il toquait le verre de sa montre qu'il montrait à Simon : Vous allez manquer le train, dit-il.

Simon tremblant le regarda de haut et répondit : Je prendrai le suivant. Il n'y a pas de suivant, dit l'ingénieur. Si, monsieur, dit Simon, il y a toujours un suivant, la preuve. Quelle preuve ? dit l'ingénieur. Rentrez chez vous, dit Simon, merci pour tout. Il avança ses mains. Les suspendit au-dessus du clavier.

L'ingénieur ne se décidait pas à partir. Il était très embêté, ça se comprend. Un peu dépassé, il faut bien le dire. Il restait là, au pied de l'estrade, sous les yeux des clients. Il eut soudain conscience de la présence des gens. Une conscience aiguë. Il se retourna et les regarda tous. Certains bien sûr se demandaient ce qui se passait. Bref, on les regardait, lui et Simon. Il eut honte.

Vous venez ? dit-il. Simon gardait ses mains au-dessus du clavier. Les mains tremblaient. L'ingénieur eut peur. Venez, dit-il, quasi suppliant. Rentrez chez vous, dit Simon. Mais, dit l'ingénieur. Foutez le camp, dit Simon, vous me gênez.

L'ingénieur accepta de s'en aller. On le vit faire demi-tour et de nouveau se diriger vers la sortie. Un goût de soirée gâchée. Au pied de l'escalier il se retourna une dernière fois. Simon n'avait pas bougé, mains suspendues au-dessus du clavier. Il haussa les épaules, l'air de dire après tout je m'en fous puis s'engagea dans l'escalier.

Presque arrivé en haut, dans son dos il entendit le piano. Des notes claires le tiraient par sa veste. Il redescendit pour vérifier. C'était bien Simon qui jouait, commençait, essayait de commencer, tâtonnait.

Pour l'ingénieur ce fut : désir de remercier déçu. Simon s'offrait ce que lui, l'ingénieur, n'avait pu lui offrir. C'est quand même grâce à moi, pensa-t-il avant de remonter l'escalier.

Quand il déboucha dans la discothèque il était en train de penser que peut-être : Oui, se dit-il, je vais envoyer un bouquet à sa femme. Non, pas du jardin, Cécile va gueuler, je vais voir ça avec Interflora.

Johnny Griffin, pochette exposée, carburait seul avec la rythmique de Monk, parti boire un coup. L'ingénieur n'y prêta aucune attention. Le jazz, ça suffisait pour ce soir. En passant il eut un geste en direction du bar. Bonsoir, fit-il à l'adresse de la femme fatiguée. Moins de monde. Elle soufflait un peu. Une cigarette au bec elle essuyait un verre. La fumée dans l'œil. Ensuite, la rue.

Sa voiture fut difficile à dégager. Une petite avait réussi à s'intercaler. Vive la direction assistée. La pendule de bord marquait 22 h 50. Le train de Simon partait dans huit minutes. L'ingénieur rentra chez lui.

5.

Qu'est-ce que tu lis ? dit-il en entrant dans la chambre. Elle lisait dans leur lit. Elle lui montra la couverture du livre. Je vois, dit-il, et c'est bien ? Pas mal, dit-elle. Il s'approcha et l'embrassa. Tu sens l'alcool, dit-elle. Normal, dit-il, j'en ai bu. Il ôta sa veste.

Tu rentres tard, lui dit sa femme. Il dénouait sa cravate. Iris dort ? dit-il. Oui, Iris dort, dit sa femme, et toi ? Quoi, moi ? dit l'ingénieur. Il sortait ses jambes du pantalon.

Ça s'est bien passé, dit-elle, ton dîner avec monsieur Nardis ? Très bien, dit-il, torse nu, en caleçon. Ensuite, dit-il, j'ai cru bien faire en l'emmenant boire un verre au Dauphin. Il se dirigea vers la salle de bains.

En revint en peignoir de bain. J'avais cru comprendre qu'il aimait le jazz, dit-il. Tu n'es pas en pyjama ? s'étonna sa femme. Bah non, dit-il, tu vois, pourquoi ? Pour rien, dit sa femme. Elle soupire. Et alors ? dit-elle, il n'aimait pas le jazz ? Si, si, au contraire, dit l'ingénieur, mais attends, tu sais pas ce qu'il a fait ? Il retourna dans la salle de bains. Ce qu'avait fait Simon n'intéressait pas la femme de l'ingénieur, je comprends ça. Elle avait hâte de reprendre son livre, ça aussi je le comprends, une histoire de navigateur toujours absent. Il revint de la salle de bains. Il boutonnait sa veste de pyjama. Ce bonhomme est bizarre, dit-il, tu sais pas ce qu'il a fait ? Non, dit sa femme, comment le saurais-je ? Elle rouvrit son livre. Elle était près de la fin. Elle voulait savoir si le navigateur allait revenir.

Il a raté son train, dit l'ingénieur. Elle soupire, referme son livre. Comprends pas, dit-elle. C'est pourtant simple, dit l'ingénieur. Dis tout de suite que je suis bête, lui dit sa femme. C'est pas ce que je veux dire, dit l'ingénieur, tu n'es pas bête, tu es distraite. Il s'allongea à côté d'elle et l'embrassa. Le petit baiser qu'il lui donnait chaque soir. Une habitude. Explique-toi, dit-elle.

Son train, dit-il, était à 22 h 58. Quand les musiciens ont fait la pause, il était 22 h 40. Il nous restait dix-huit minutes. Ça allait, la gare est à côté, sauf que j'ai perdu au moins cinq minutes pour dégager la voiture. Alors on s'est levés, lui et moi, mais lui, tiens-toi bien, au lieu de me suivre vers la sortie, il m'a tourné le dos, il est allé s'asseoir devant le piano.

Il est pianiste ? lui dit sa femme. Je m'en fous, dit l'ingénieur, je suis en train de te dire qu'au lieu de prendre son train il s'est mis au piano. Sa femme : Et alors ?

Simon a commencé à jouer. Pas tout de suite. Il avait attendu dix ans et dix minutes. Il dut attendre quelques minutes de plus. Deux ou trois peut-être. Le temps de vaincre le tremblement de ses mains.

Il faut imaginer ces mains, au-dessus du clavier, qui tremblent, et Simon qui, toutes les quinze secondes environ, les cache derrière son dos, puis les montre à nouveau, les offre au piano, les lui propose, l'air de lui dire : Je t'ai abandonné mais je reviens.

Donc imaginer cet inconnu des autres, ce pianiste oublié de lui-même, un homme seul, donc, qui se met au piano et qui ne joue pas. Il tremble. Il a l'air d'un fou ou d'un type soûl en train de mimer la scène muette d'un pianiste qui s'apprête. Le tout n'oublions pas sous les yeux de la clientèle du club. Des gens qui tous maintenant se demandaient ce qui se passait, se disant : Mais qu'est-ce que c'est que ce fou, il est soûl ?

Sa tremblote plus ou moins maîtrisée, Simon pour commencer fit sonner deux ou trois notes, très serrées, plus serrées qu'il ne l'aurait souhaité, qui en quelque sorte lui avaient échappé.

Remarque : le trac, la peur, la tremblote, affinent, affolent, affûtent, aiguisent, énervent, excitent, accélèrent le swing.

Simon rêvait de jouer ce joli thème que son jeune collègue avait interprété tout à l'heure en début de set, *Letter to Evan*. Même tonalité. Tempo moyen.

Incapable d'investir tout le clavier, la peur de se perdre. Il n'utilisa que quelques touches, des noires, des blanches, au milieu du clavier. Y demeura, comme protégé, les mains quasi

47

superposées. Il essaya. Commença. Tout le monde écoutait.

Il introduisit, fit de très loin venir le thème, par petites touches mélodiques qu'il harmonisait peu à peu, reformant l'accord note après note dans des espaces de silence qui répondaient à son esquisse de mélodie, le rythme lui aussi s'esquissait. Très vite l'envie de swinguer le prit. Tout le monde écoutait.

6.

Tu entends ce que j'entends ? C'est le jeune
bassiste qui parle, Scott. Il s'adresse à Bill, le
jeune pianiste. Paul le jeune batteur leur tourne
le dos. Il bavardait avec une fille. Le moins
séduisant des trois. Il plaisait aux filles. Comme
quoi.

Américains tous les trois. La propriétaire les
avait fait venir. Une certaine Debbie Parker.
Elle aussi Américaine. Installée en France.
Réfugiée culturelle. Elle aussi est devenue
mon amie. Je vais l'appeler tout simplement
Debbie.

Tu entends ce que j'entends ? dit Scott. Bill
ne répondait pas. Scott insista. Ce type, dit-il,
parlant de Simon qui jouait, que tout le monde

écoutait, sauf Paul qui séduisait une fille. Ce type, dit Scott, a un don pour l'imitation réellement étonnant.

Bill écoutait. Il répondit à Scott : Ce qui m'étonne surtout, c'est qu'il arrive à reproduire des trucs de Nardis que moi-même je n'ai jamais réussi à imiter, des trucs qui tiennent à la respiration, au rythme intérieur. Il allait ajouter quelque chose. C'est peut-être lui, dit Scott. Non, dit Bill, si c'était lui je le reconnaîtrais, et puis qu'est-ce qu'il ferait ici ?

Simon avait beaucoup changé, il faut dire. Il avait grossi, la vie rangée. Ses cheveux avaient blanchi, ceux qui restaient. Les autres étaient tombés et maintenant il portait des lunettes. Plus grand-chose à voir avec le jeune pianiste novateur invité à deux ou trois reprises par des clubs américains.

Son thème bien installé Simon improvisait, seul au monde, le nez dans le clavier. Les mains ne tremblaient plus. Elles prenaient peu à peu possession du clavier en entier et son style, était-ce un bien, je n'en sais rien, avait gagné en modestie, clarté.

Voilà la patronne, dit Bill. L'amour fait son

entrée. On n'est jamais tranquille. Simon n'avait jamais accompagné une voix. Il me raconta qu'il avait tout de suite adoré ça. Pas seulement parce que c'était Debbie. Non, le genre piano et chant. Elle avait chanté dans le temps, Debbie, du jazz.

Elle ne connaissait pas Simon. Ou plutôt si, comme beaucoup l'avaient aperçu, entendu, un soir, comme ça. Debbie ne l'avait vu qu'une fois. Elle n'était encore qu'une toute jeune fille qui étudiait la musique à l'université. Elle parcourait l'Europe pendant ses vacances.

Elle le vit et l'entendit un soir dans un club de Copenhague. Deux ou trois heures en présence de Simon, même si leurs regards se sont croisés, c'est peu pour se souvenir, même avec le style, la sonorité, le toucher, le phrasé, c'est peu pour se rappeler. Pourtant si, il paraît que ça suffit. Non, sérieusement, elle ne pouvait pas le reconnaître.

Pourtant, dit-elle. Debbie me disait avoir réagi à une silhouette. Une certaine façon de se tenir voûté sur le clavier. Comme Glenn Gould, me dit-elle, si tu vois ce que je veux dire. Je voyais. J'avais vu Simon jouer. Il jouait sur mon Steinway quand il venait. Je connaissais sa façon de se tenir au clavier.

Vous n'allez pas l'aider ? dit Debbie à Scott, et à Paul qui n'écoutait pas, il bavardait avec une fille. Sans presque s'arrêter Simon avait enchaîné, par simple glissement harmonique sur une très jolie ballade, *You Have Changed.* Non, dit Scott, la pause c'est la pause. Chacun avait sa bière et son petit verre. Bill bourbon. Scott whisky. Paul Coca. Bill boudait. Le jeu de Simon le rendait malade. J'ai cru que c'était toi qui jouais, lui dit Debbie. Ça semblait l'amuser qu'un client ait pris le piano pendant la pause. C'est sympathique, mais. Celui-là joue trop bien, pensa-t-elle, c'est pas normal, il se passe quelque chose.

Et puis Debbie adorait cette ballade que Simon jouait si bien. Elle la chantait dans le temps. Elle n'avait pas chanté depuis longtemps. Eh bien moi je vais y aller, dit-elle à Bill et Scott, je vais l'aider, j'ai envie de chanter. Elle but un peu d'alcool dans le verre de Scott : Tu permets ?

Toujours seul au monde, le nez dans le clavier, Simon ne la vit pas venir. Elle décrocha le micro. Tous ces mouvements autour de lui : Oui, oui, dit-il, j'ai compris, je m'en vais, dit-il sans la regarder ni cesser de jouer, laissant filer la course naturelle de son phrasé. Debbie se pencha.

Le micro sur les lèvres, reprenant au vol la mélodie, elle chanta tout près de lui : Vous n'avez pas changé. Simon leva le nez, regarda Debbie, puis, sans cesser de jouer, répondit : Vous non plus. Simon ne l'avait jamais vue.

Bien des années plus tard. Il était marié avec Debbie. Simon m'a raconté comment, tout à fait par hasard, il avait compris pourquoi il avait pour ainsi dire reconnu Debbie ce soir-là, et surtout pourquoi il avait tout de suite adoré cette femme-là. Bien des passions s'expliquent comme ça.

Bien des années plus tard, cherchant tout autre chose, un document pour une histoire de succession pas claire, il est tombé sur une photo, un portrait oublié, de sa mère très jeune, le portrait de Debbie. Je m'empresse de dire qu'il n'a pas abandonné Suzanne pour épouser Debbie. Les circonstances l'ont laissé libre.

Debbie chantait sans vibrato. Ligne de voix

neutre, à la manière de certains saxophonistes de la côte ouest. Simon découvrait le plaisir de jouer seul avec une voix, pour elle. Une voix d'alto, presque sèche. Emouvante dans sa manière de refuser toute concession à la joliesse. Et ça, ça me plaît, pensa Simon.

Et tout en se faisant discret. C'est si délicat d'accompagner une voix. La précéder ou la suivre. Lui répondre. Anticiper l'accent par une question. Il s'appliquait à ce dialogue.

S'y appliquant il était obligé de la regarder. La regardant, il ne pouvait pas ne pas voir ce visage. Et, à la longue, ne pouvait manquer d'être frappé, d'une surprise ralentie par le temps, par tout ce temps qu'il fallait retraverser pour y voir clair. Il oublia le clavier. Il jouait pour elle.

A court de paroles, elle en improvisa. Pour lui qui à son tour improvisa des variations pour elle et tout se termina, pour eux, dans une sorte de joie. Il était 23 h 15. Le train roulait vers Paris.

Simon avait chaud et soif. Debbie revint avec deux verres. De deux choses l'une, dit-elle. Debbie offrait à Simon le verre qu'elle tenait dans sa main droite : Ou vous êtes un imitateur de génie ou vous êtes Nardis en personne : Etes-vous Simon Nardis ?

Je l'ai été, dit Simon. A Copenhague, dit Debbie. Un peu partout, dit Simon. A New York aussi, dit Debbie. Oui, à New York aussi, dit Simon, et aussi ailleurs, un peu partout, je vous dis. Et maintenant ici, dit Debbie. Non, dit Simon, c'est fini, ce soir c'est juste histoire, ici ce soir c'était juste histoire de voir si. Si quoi ? dit Debbie. Simon dit : Si vous et moi on est encore en vie.

Réponse assez banale en somme. Mais Simon la prononça de telle façon. Debbie s'en trouva plus que ravie. Restez encore un peu, dit-elle. Accompagnez-moi encore. Elle avait encore envie de chanter, avec lui, pour lui, peut-être. Simon dit oui, pourquoi pas, mais. Mais quoi ? dit Debbie. Simon dit : Il faut que je téléphone.

Simon et Debbie, un beau couple, j'en sais quelque chose, ils me rendaient jaloux, furent encore applaudis quand ils cheminèrent entre les tables pour rejoindre le bar. Bill et Scott les y attendaient. Debbie leur présenta Simon.

Je ne vous avais pas reconnu, dit Bill. Moi non plus, dit Scott. Je vous prenais pour un amateur surdoué, dit Bill, qui plus est culotté. Moi aussi, dit Scott. Paul le dos tourné baratinait toujours la fille.

Monsieur Nardis va rester un petit peu avec nous, dit Debbie, notre duo a l'air de plaire. Bill et Scott se sont regardés. Avec eux Debbie n'avait jamais voulu chanter. Vous n'êtes pas pressé, j'espère, dit-elle. Non, dit Simon, mais il faut que je téléphone.

La cabine téléphonique se trouvait dans la discothèque au rez-de-chaussée. L'escalier qui reliait le club et la discothèque était fermé à chaque extrémité par une porte capitonnée. Les musiques ne pouvaient se contredire. Bien que de jazz toutes les deux.

En bas le trio piano. En haut des formations diverses. Comprenant toujours un saxophoniste. La femme fatiguée adorait les saxophonistes. Nette préférence pour les ténors.

Quand Simon déboucha dans la discothèque c'était Sonny Rollins qui jouait, en trio au Village Vanguard, la pochette du disque l'attestait. Sans doute sa plus belle période, pensa Simon, bien que préoccupé, par le coup de fil qu'il devait donner à Suzanne.

Il s'approcha du bar. Du doigt se fit désigner la cabine par la femme fatiguée. Ce type me rappelle quelqu'un, pensa-t-elle. La porte de la cabine était aussi capitonnée. Simon s'enferma. Tira une télécarte d'un portefeuille. L'appareil est à pièces. Allons bon. Dut ressortir pour changer un billet. La femme fatiguée lui versa dans la main une poignée de monnaie. Vous ressemblez à Simon Nardis, dit-elle. Ah bon ? dit Simon, qui est-ce ?

Revint dans la cabine. S'y enferma. Isoloir. Piège à vérité. Cellule de quarantaine. Sas de passage d'un monde dans l'autre, cette cabine capitonnée. Cercueil peut-être. En tout cas.

La porte refermée Simon n'était déjà plus le même. De nouveau celui qu'il était depuis dix ans. Il était 23 h 30. Son train roulait vers Paris. Il composa le numéro de chez lui.

7.

Suzanne dormait, j'imagine. Je dis ça et je pense à la chambre. Dans la chambre de Suzanne et Simon il y avait une peinture de moi, pas un portrait de moi, une de mes œuvres. Suzanne me l'avait achetée pour l'anniversaire de Simon. Suzanne avait l'œil. Elle avait choisi l'une des plus belles, parmi celles que je préférais. Simon était ravi. Il avait tenu à l'accrocher au-dessus de la tête du lit. C'était selon lui le seul mur qui convenait à la toile. J'ai trouvé ça bien imprudent. Si elle tombe elle vous tue, leur ai-je dit. Enfin passons. Simon l'a emportée dans sa nouvelle maison.

D'ailleurs quand le téléphone a sonné Suzanne n'était pas dans la chambre, lisant ou dormant, elle était dans le salon, elle regardait la télévision. Inquiète, préoccupée, allongée sur le canapé, elle s'était endormie la télé allumée. Au début du film elle écoutait et regardait. Dix minutes après, les yeux fermés, ne faisait qu'écouter. Puis ses oreilles se sont fermées.

Bien qu'elle eût l'habitude, dans son sommeil, d'entendre, dans les films, sonner des téléphones, la sonnerie du sien la fit sursauter.

Elle se redressa, se leva, chancela, un peu étourdie, un instant hésita entre l'appareil du salon, qui se trouvait là, à portée de bras, et celui de la pièce à côté.

Quand elle m'a appelé pour me dire qu'elle partait rejoindre Simon, sans doute à cause de l'émotion, elle m'a tout raconté en détail. Je n'ai pas compris pourquoi elle est allée décrocher dans la pièce à côté.

C'est moi, dit Simon. Ah bon ? dit Suzanne, c'est toi ? Mais alors, dit-elle, attends, je ne comprends pas, tu m'appelles du train ? Il y a un téléphone dans le train ? Mais alors, dit-elle, si tu es dans le train, pourquoi tu me téléphones ? Pour me dire que tu m'aimes ? T'es un amour, tu sais, tu le sais ?

Mais non, que je suis bête, je dors debout, tu ne m'appelles pas du train, le téléphone dans le train ça ne marche jamais. Tu m'appelles d'où ? Quelle heure il est ? 11 h 40, dit Simon. Suzanne tripotait les crayons qui traînaient sur la table de Simon. Chaque fois que Suzanne utilisait ce téléphone, Simon retrouvait ses crayons rangés dans un certain ordre. En éventail ou en épis. Toutes les pointes, mine, bille, feutre, attirées par le même centre. Elle commença de les ranger quand Simon commença de lui expliquer.

Je l'ai raté, dit-il. Comment ça, raté ? dit Suzanne, on ne rate pas son train deux fois. Eh bien si, dit Simon, tu vois, ça arrive. Ne te moque pas de moi, dit Suzanne, s'il te plaît, dis-moi plutôt ce que tu fabriques.

Suzanne détestait les explications, que Simon s'explique, un homme qui s'explique c'est pas bon, un homme qui marche droit sans hésitations ni faux-pas n'a pas besoin de ça. Dix ans sans ça, pensa-t-elle, c'était trop beau, ça ne pouvait pas durer. Je t'écoute, dit-elle.

Simon : Je me suis laissé tenter par un piano. Suzanne : Juste par un piano ? Simon avait une certaine voix. Suzanne lui connaissait cette voix. Avant de sombrer il l'avait souvent utilisée. Après dix ans de paix elle la réentendait. Dans la voix de Simon Suzanne entendait l'alcool, la femme, une femme, une tentation, l'amour nouveau d'une femme, pour une femme, c'était pas la première fois. Raconte-moi ça, dit-elle.

Les hommes qui disent la vérité sont les plus dangereux. Simon la disait toujours. Pas toute, bien sûr, on ne peut pas, jamais. Il raconta le dîner, la petite virée au club, deux ou trois verres. Suzanne : Deux ou trois ? Trois. Le trio, la pause, le piano, la chanteuse. Elle s'appelle Debbie Parker, dit-il. Le train manqué, pour le plaisir, juste un petit plaisir et puis je rentre, demain matin, en fin de matinée, ou en début d'après-midi, je ne sais pas encore, j'ignore à quelle heure part le train.

Elle : Et tu vas dormir où ? Bah, à l'hôtel, dit Simon. Suzanne : seul ? Ah, écoute, dit-il, ne m'embête pas, essaie de comprendre, ça me fait du bien, j'en avais besoin, je ne l'ai pas cherché, ça s'est présenté, les circonstances, oui bien sûr j'aurais pu refuser, enfin bon, ne t'inquiète pas, repose-toi, je te rappelle demain pour te dire.

Suzanne raccrocha puis bouleversa l'ordre parfait des crayons sur la table de Simon, sans pour autant reproduire l'inimitable désordre des crayons de Simon, qui, lui, dans l'oubli de ses crayons, de toute sa vie d'alors, sortait de la cabine téléphonique.

La conversation avait pas mal duré. Néanmoins il lui restait un gros tas de pièces. Ça le gênait dans sa poche. En passant il les tendit à la femme fatiguée. Elle les accepta sans comprendre. Il avait l'air de les lui rendre comme si elle-même les lui avait prêtées, ou bien comme si lui-même n'avait pas téléphoné.

Derrière elle le disque tournait, la pochette exposée. Sonny Rollins swinguait avec subtilité, fantaisie haineuse, notes piquées, coulées langoureuses. Sa plus belle période, pensa Simon, puis il poussa la première porte et s'engagea dans l'escalier, le descendit et, entre les deux portes, il entendait un peu Rollins, un peu le trio piano, les trois jeunes Américains avaient recommencé à jouer.

Simon se dirigeait vers le bar. En poussant

la deuxième porte il avait retrouvé le son, la lumière, l'ambiance du club, le beau son du trio, la lumière rouge, l'odeur du jazz, s'en était rempli les poumons comme d'une lente et longue inspiration toxique.

Il pensait y retrouver Debbie. La jeune fille courtisée par Paul le batteur était maintenant seule. Elle s'était tournée vers l'estrade. Elle avait le sourire. Elle admirait Paul, qui, lui, la tête en l'air et les yeux fermés, caressait sa caisse claire. Excellent jeu de balais, pensa Simon.

Le barman l'informa que Debbie l'attendait là-bas, assise à une table. Redonnez-moi un verre, dit-il. C'est déjà fait, dit le barman. Il avait quelque chose d'hostile. Elle vous attend avec un verre, dit-il.

Simon chemina entre les tables. Un peu ivre, au passage il captait des visages qu'il avait envie d'aimer, son cœur avait recommencé d'aimer et il avait envie d'aimer tout le monde et de dire à tout le monde que Debbie l'aimait et qu'il aimait Debbie. N'osait pas la regarder. Savait qu'elle le regardait. N'en fut capable qu'une fois planté devant elle.

Ce visage lui plaisait au-delà de toute séduction ordinaire mais il était encore très loin de comprendre pourquoi. Elle semblait si contente de le revoir. Ce qui se passait en lui de révélation amoureuse se passait peut-être aussi en elle, va savoir.

Ça s'est bien passé ? dit-elle. Quoi donc ? dit Simon. Votre appel, dit Debbie. Simon trouvait ce vouvoiement charmant. Ah oui, oui, très bien, dit-il, j'ai prévenu ma femme que je ne rentrerai que demain. A propos, dit-il, à quelle heure est le train du matin ? Debbie dit : Je ne prends jamais le train. Je comprends, dit Simon, il faut aussi que je trouve une chambre.

Il ne touchait pas à son verre. Debbie le poussa vers lui, s'approchant elle-même. Vous pourriez venir chez moi, dit-elle. Oui, je pourrais, dit Simon, mais je n'y tiens pas, vous me plaisez trop, ça va mal finir, trouvez-moi plutôt une chambre dans un hôtel pas trop loin d'ici, je suis à pied. Je vous y conduirai dans ma voiture, dit Debbie, si toutefois vous acceptez d'y monter. Ça oui, dit Simon, je veux bien. Son visage se modifiait. Il le sentit. Se toucha la joue. Il était en train de sourire.

Debbie se leva. Je vais m'occuper de ça tout

de suite, dit-elle. Attendez-moi. Buvez votre verre, profitez de la musique. Je ne serai pas longue. Simon la regarda s'en aller puis revint sur les trois musiciens. Bien qu'attentif au visage, aux lèvres, à la voix de Debbie, il n'avait pas cessé de les écouter.

Sur un tempo assez rapide ils étaient en train de carburer sur *Milestone*. Simon pensa sur ce thème-là, on ne peut pas s'en empêcher. Il se rappela comment lui-même carburait sur ce thème.

Le style de Bill le jeune pianiste était, comme je l'ai déjà dit, très inspiré de celui de Simon, mais, me disait Simon, quand la force du swing l'emportait sur le souci de faire comme si, il inventait un phrasé bien à lui, malgré lui.

Tous les trois étaient vraiment très bons. Vautré sur sa basse enlacée, Scott le bassiste étonnait Simon. Très mélodique et surtout très véloce il était capable de jouer aussi vite qu'un guitariste, pas toujours très juste mais inventif, très inspiré, une oreille née.

Buvant son verre Simon pensa : Les jeunes musiciens jouent de mieux en mieux et de plus en plus tôt. Du coup, de l'avoir pensé, il se sentit de nouveau le moral à zéro. La musique n'a plus besoin de moi, pensa-t-il, les jeunes la font très bien, et moi je n'ai plus besoin d'elle.

Il me disait s'être soudainement rendu compte de ceci : et ça fait mal : Je n'aime plus le jazz, plus autant qu'avant, peut-être même plus du tout, en tout cas comme on doit l'aimer pour y passer sa vie.

C'est bien de ça qu'il s'agit, de ma vie. Je cherchais quoi en venant ici ? Je voulais démontrer quoi en piratant ce piano ? Je peux répondre, se dit-il. Alors réponds. Je vais répondre, se dit-il. Je t'attends. Oui, oui, je viens. Je voulais savoir si ma vie était finie. Et alors ? Je voulais croire qu'elle ne l'était pas. Et puis ? Maintenant je sais qu'elle l'est. Au fond, je n'avais pas envie de jazz, encore moins de musique, j'avais juste envie de vivre, une minable petite envie de vivre.

Pendant que Simon se massacrait le cœur, Debbie, elle, en haut, au bar de la discothèque, s'occupait de lui retenir une chambre à l'hôtel d'Angleterre.

La femme fatiguée n'avait pas le numéro en tête. Elle lui passa l'annuaire en même temps que l'appareil posé sur l'annuaire. Rollins jouait toujours en trio, *Softly As a Morning Sunrise*, l'autre face du disque exposé, femme fatiguée l'avait retourné.

Elle entendit Debbie appeler l'hôtel. Debbie lui demanda de baisser un peu Rollins. Puis, se bouchant une oreille, elle retint une chambre pour Simon. A quel nom ? Comment ? Parlez plus fort, je n'entends rien. Debbie cria Simon Nardis.

Femme fatiguée entendit le nom de Simon. Je me disais aussi, pensa-t-elle. C'est lui ? dit-elle à Debbie quand celle-ci eut raccroché. Oui, dit Debbie. Elle rendit l'appareil et l'annuaire à la femme fatiguée.

Et puis tu sais quoi ? dit-elle. Femme fatiguée s'en doutait. Je vais chanter avec lui, dit Debbie, il va m'accompagner. Oui, tout à l'heure. Et en plus il me plaît. Et puis je crois que moi aussi je lui plais. A part ça tout va bien ? dit-elle, tu n'as besoin de rien ? Non, dit femme fatiguée. Elle prit son air d'ancienne beauté paisible puis tendit le bras, rétablissant le son de Rollins.

8.

La place était prise. Un jeune homme était assis en face de Simon. Debbie attendit derrière lui. Le jeune homme, qui devait avoir dix-huit ou vingt ans, ne pouvait pas la voir. Il se rendit compte d'une présence lorsque Simon leva les yeux sur elle. Simon devait avoir de l'amour dans les yeux. Le garçon se retourna : Pardon, dit-il, je vous dérange. Il remercia Simon. Se retira.

Un admirateur ? dit Debbie. Non, dit Simon, juste curieux de certaines questions. Il me disait jouer lui aussi un peu de piano. Ça commençait bien. Il voulait savoir si le jazz ça s'apprend. J'ai dit oui, c'est comme tout. Il voulait savoir s'il existe une école. J'ai dit non, pas d'école.

Il voulait savoir si je donnais des cours. J'ai dit non, pas de cours. Alors quoi ? me dit-il. Alors moi : L'écoute, juste l'écoute, écoutez les grands, prenez-leur tout ce qu'on peut leur prendre, ensuite débrouillez-vous. Les médiocres s'éliminent d'eux-mêmes.

Debbie : Vous croyez qu'il a compris ? Je suppose, dit Simon, sinon ma foi il perdra son temps comme tout le monde, on est là pour ça, comme vous, comme moi : qu'est-ce que je fais d'autre, moi, ici avec vous, et vous ici avec moi ?

Charmant, dit Debbie, voilà comment vous me remerciez de vous avoir retenu une chambre dans un hôtel pas trop loin d'ici ?

Simon dit : J'ai changé d'avis, je préfère dormir chez vous. Ou plutôt non, je veux dormir nulle part. Et puis d'abord j'ai pas envie de dormir. Voilà.

Il est soûl, pensa Debbie. C'est vrai, il l'était. Pas qu'un peu. Il n'avait pas bu tant que ça mais pas autant depuis longtemps. Il avait perdu l'habitude, voilà, c'est ça.

Et puis être soûl le rendait triste. En plus la tristesse le rendait méchant. L'amour aussi.

L'amour le faisait souffrir immédiatement et la douleur le mettait en colère, contre lui, contre n'importe qui.

Ça tombe bien, dit Debbie. Quoi ? dit Simon, qu'est-ce qui tombe bien ? Que vous n'ayez pas envie de dormir, dit Debbie, ça va bientôt être à nous. Vous êtes toujours d'accord pour m'accompagner ? Vous n'avez pas changé d'avis ?

Simon en avait plus qu'assez de parler dans cette ambiance sonore. Un club de jazz n'est pas un endroit pour parler, même de jazz, ou d'amour. On se tait, on écoute. Si on parle il faut forcer sa voix. Si on veut dire à une fille : Je vous aime, il faut le crier, c'est usant. A moins qu'elle ne lise ces mots-là sur vos lèvres. Sinon elle vous fait répéter. A cause du batteur. Simon détestait les batteurs. Un batteur fait toujours trop de bruit.

Si on allait plutôt se promener ? dit-il, j'ai mal au crâne, j'ai besoin d'air, on étouffe ici, je ne peux plus supporter les endroits comme celui-ci, j'ignore comment vous faites vous-même mais moi je ne peux plus, j'ai cru que je pourrais encore et puis.

Je vois, dit Debbie, vous n'avez plus envie. Non, dit Simon, c'est pas ça, mais je suis fatigué. Il ajouta : Vous me plaisez, la question n'est pas là, d'ailleurs je vous aime déjà, et j'ai envie de vous, vous voyez, je vous dis les choses, directes, je n'ai plus de temps à perdre, je suis trop vieux, j'ai envie de vous embrasser mais je suis trop fatigué.

D'accord, dit Debbie, on laisse tomber. Surtout pas, dit Simon, on va chanter, qu'est-ce que vous voulez qu'on chante ?

Des chansons d'amour. Debbie voulait chanter des chansons d'amour. Ah les femmes, pensa Simon. Encore ? dit-il, mais ma parole vous ne pensez qu'à ça ? Un rire sec le secoua, il toussa, son cœur battait n'importe comment.

Bon, dit-il, allons-y pour les chansons d'amour. Oui mais quoi comme chansons d'amour ? Il y en a tellement. Il n'y a même que ça. Vous avez remarqué ? Tu m'ennuies, pensa Debbie. Mais comme ça on a le choix, n'est-ce pas, dit-il. Seulement, moi, je ne les connais pas toutes. Vous voulez chanter quoi ?

Il y en a une que Debbie aimait bien, *Les Feuilles mortes*, titre français, *Autumn Leaves*, pour elle Américaine. Ah non, pitié, pensa Simon. Oui, si vous voulez, dit-il. Elle connaissait les paroles françaises. C'est une chanson. Qui nous ressemble. Toi qui m'aimais. Moi qui t'aimais. Nous vivions tous. Les deux ensemble. Et cet idiot de Simon ému aux larmes l'accompagnait.

Egalement au programme : *Moonlight in Vermont, What Are You Doing the Rest of Your Life ?, Lover Man, The Man I Love, My Funny Valentine.*

Pour finir, un moment de gaîté, le bouquet.

Debbie avait entraîné Simon sur un air plutôt sexy, un peu vulgaire, disons canaille sur un tempo moyen, le tout d'un swing nettement scandé. Ça marchait très bien. J'ai oublié le titre. Simon me l'a dit mais j'ai oublié. C'est bête. J'en connais une version par Gerry Mulligan, je crois, enfin bref, ça me reviendra.

Ça marchait tellement bien. J'imagine Debbie se frottant contre le piano, très séduisante, singeant des manières de vamp, le genre années 40. Le piano de Simon et la voix et le corps de Debbie se séduisaient si bien ensemble. Le public était ravi.

C'est alors que Paul et Scott, batteur et bassiste, qui étaient de repos, qui attendaient que ça se passe, installés au bar, furent peu à peu séduits, eux aussi, charmés, par leur patronne, puis subjugués, aimantés par ce qui se passait entre elle et Simon. Il faut dire, si j'ai bien compris, que c'était assez exceptionnel.

Paul abandonna son verre, Scott le sien, puis tous deux se dirigèrent vers l'estrade, et, discrètement. Ils auraient aimé que ce soit discret. Le public a tout de suite compris. Il a applaudi. Ils ont sauté sur l'estrade.

Debbie les accueille en improvisant des paroles de bienvenue. Scott relève sa basse, Paul s'installe derrière ses caisses et en professionnels qu'ils étaient, sans la moindre hésitation ils ont sauté dans le train du swing.

Le duo Debbie-Simon marchait déjà très fort, mais alors complété par la rythmique Scott-Paul, j'imagine ce que ça a pu donner. Quelque chose comme une saturation de plaisir, qui vous coupe le souffle, vous fait pleurer de rire.

Et pour couronner le tout, par un effet comique qui eut pour résultat de soulager tout le monde, le plaisir ça épuise, Bill, le pianiste, qui à ses heures chantait aussi en s'accompagnant au piano, s'approcha de Debbie, se colla contre elle et partagea le micro.

Simon me disait : J'aurais voulu que ça ne finisse jamais. Après quoi ils sont allés se rasseoir, cheminant sous les regards, de femmes et d'hommes, des regards de toutes sortes, des admiratifs, des envieux, des reconnaissants, des éblouis, il faut dire que Simon et Debbie, je l'ai déjà dit, c'était ce qui s'appelle un beau couple.

Je les ai connus mariés. J'étais témoin à leur mariage. Ce jour-là je me souviens je pensais à Suzanne. C'est pas très honnête mais c'est humain. Simon aussi pensait à elle, il me l'a dit. Je l'aimais bien ma petite Suzie. On s'entendait bien, on se comprenait sur bien des choses. Pauvre petite. Enfin c'est comme ça.

En attendant à la même heure elle était toute seule dans leur lit, il devait être en gros minuit et demi, peut-être une heure, elle pensait à lui.

Avant de partir le rejoindre elle m'a appelé deux fois pour me dire son inquiétude. Il y a des bonheurs inquiétants. Les flashs d'intense plaisir débouchent dans le noir. C'était le cas pour Simon.

Elle le savait. Moi aussi. Je le connaissais bien moi aussi. Elle m'a appelé pour me demander ce qu'elle devait faire. Elle voulait aller le chercher. Selon moi ça n'était pas une bonne idée. Il a besoin d'air, lui ai-je dit, laisse-le faire, il reviendra. Dans quel état ? me dit-elle.

Je mesurais le risque aussi bien qu'elle. D'un autre côté, je connaissais la tristesse de Simon, son semblant de vie, son semblant d'être, l'âme morte qu'il traînait derrière lui. Elle aussi, j'imagine, mais pour elle c'était différent, c'était son mari, elle se chargeait de lui, elle veillait sur lui, alors que moi, je pensais à tout ça avec une sensibilité tout autre, je pensais au musicien, à l'artiste, j'y pensais en peintre, en artiste, bref à la priorité de l'art et peu importe le reste. L'art au péril de sa vie, qui pense ça aujourd'hui ?

Ecoute, lui dis-je, si vraiment tu ne peux pas rester comme ça à l'attendre, va le chercher, tu verras bien, au moins tu le verras, tu seras rassurée.

J'aurais mieux fait de me taire. Elle serait

sans doute encore en vie. Je dis ça mais non, j'ai tort de me tourmenter, elle y serait allée de toute façon. Elle aimait Simon comme seule une femme est capable d'aimer. Nous autres, on ne peut pas comprendre.

Je l'ai dit à Simon. Ça l'a fait pleurer. Je me suis dit quel con tu fais, t'es vraiment con. Je disais ça pour moi, pas pour Simon, bien qu'il me soit arrivé de penser qu'il avait agi comme un con. Tout de suite après la mort de Suzanne il est venu me voir chez moi à la campagne. Il m'a raconté son escapade.

9.

Après quoi ils sont allés se rasseoir, cheminant sous les regards, de femmes et d'hommes, des regards de toutes sortes, des admiratifs, des envieux, des reconnaissants, des éblouis et sur un geste sec, un signe que fit Debbie, le barman renouvela les vodkas.

Au piano Bill reprit sa place. L'ambiance allait retomber. Avec Scott et Paul il attaqua un blues en fa que tout le monde connaissait. Tout le monde chanta.

Debbie qui elle aussi chantait cessa puis regarda Simon, d'une drôle de façon, et parla : Dommage que vous soyez marié, dit-elle, vous pourriez rester, on pourrait travailler ensemble, on s'entend bien, je vous plais, vous me plaisez, c'est quand même bête. C'est comme ça, dit Simon, je ne peux pas.

Histoire de souffler un peu après deux ou trois choses plutôt enlevées, Bill s'est mis à jouer une petite ritournelle agréable, *That's All.*

Le thème à peine exposé, Debbie se dressa comme une petite fille un peu soûle et cria : Oh celle-là je l'aime, je l'aime, je veux la chanter, puis regardant Simon avec un air de le supplier : Je peux y aller ? Bien sûr, dit-il.

Elle était très séduisante. Je comprends que Simon ait craqué. Pas spécialement jolie mais de toute ma vie j'avoue n'avoir jamais rencontré une femme qui possède autant de charme. Il m'est arrivé d'être jaloux de Simon. En la regardant chanter, me disait-il, j'ai compris que c'était foutu, j'ai pensé : Je vais sûrement lui céder, je vais lutter encore un peu et puis je vais me laisser l'aimer.

Debbie souriante salua comme une débutante au cours de danse. Simon n'applaudissait pas avec les autres. Il regardait Debbie. Et quand il la vit revenir vers lui il eut cette pensée stupide, imbécile et incompréhensible : Elle est à moi, puis, encore plus idiot, plus obscur : Elle est pour moi depuis toujours. Il était soûl. Donc lucide. Soûl on voit très clair en soi.

Je me sens bien, dit-elle une fois rassise en face de lui. Pas en face de lui, à côté de lui, elle s'était rapprochée de lui. Elle semblait se sentir très bien. Son bien-être faisait plaisir à voir.

Ah, je me sens tellement bien, dit-elle, que ça m'oppresse, ça me comprime le cœur, j'en suffoque, tellement que j'ai envie de vous embrasser, et puis tiens, allez, je vous embrasse. Et sans lui demander son avis elle trouva un endroit où placer son baiser, en haut de la joue mal rasée, même pas rasée du tout, moite de sommeil, près de la pommette. Simon crevait de chaleur. La bouche, les lèvres fraîches de Debbie sur sa joue. Il eut encore plus chaud. Le cœur accélérait, la peur.

J'ai besoin d'air, dit-il, j'étouffe, je suis crevé, et puis je suis soûl, on pourrait peut-être aller se coucher, non ? On n'attend pas la fin ? dit Debbie. J'en peux plus, dit Simon. Ils ont presque fini, dit Debbie, ils arrêtent à deux heures, ensuite je vous raccompagne, je vous dépose à l'hôtel, à moins que vous n'ayez encore changé d'avis.

Un quart d'heure le séparait de la fermeture. Trente minutes d'un lit frais. Il se laissa aller, laissa son corps dormir, s'engourdir, bien calé, contre l'épaule de Debbie, se sentit bien lui aussi, et nageant dans cette légèreté d'enfant protégé il revit passer l'ingénieur, Suzanne sur le quai de la gare, le résumé de sa journée, une petite mort chaque jour en somme, et puis un jour c'est toute sa vie qu'on voit redéfiler, paraît-il, pensa-t-il.

Debbie réveilla Simon en lui redressant doucement la tête. La tête de Simon avait doucement glissé sur l'épaule de Debbie. Debbie l'avait laissée peser dans le creux de son cou. Les cheveux de Simon lui chatouillaient la joue.

Elle lui murmura qu'il fallait y aller. Tout le monde était parti. Femme fatiguée attendait pour fermer. Simon demanda s'il s'était endormi. Oui, dit Debbie. Il avait sûrement l'air d'un bébé qui se réveille. Un nouveau-né fripé. Debbie lui donna un autre baiser puis l'aida à se lever. Venez, dit-elle.

La rue. La porte du club. L'enseigne s'éteignit. L'humide et vive fraîcheur de l'air lui rappela l'air de la mer. Simon se rappela qu'il était à la mer. Que la mer ne dormait pas. Que cette ville dormait au bord de la mer. Que d'autres villes dormaient sans mer. Que Suzanne dormait au bord de la Seine, dans une ville, avec une tour en fer, un phare qui tourne, qui veille, un peu sur elle, surtout sur les absents, le retour des absents, c'est pour les empêcher de sombrer, un projecteur pour les naufrages, au moins qu'on y voie clair.

Ce serait bien, se dit-il, marchant sur la chaussée, le trottoir lui donnait le vertige, Debbie aussi était descendue du trottoir, elle ne voulait pas le lâcher, il ne marchait pas droit.

Ce serait bien, se dit-il, si elle venait me rejoindre ici, elle pourrait profiter de la mer, et tant pis pour sa mère, elle n'a qu'à lui dire que je suis malade, d'ailleurs je le suis, malade, pas vrai, Debbie, que je suis malade ?, on ira la voir un autre jour.

C'est celle-ci, dit Debbie. Elle parlait de sa voiture. Je vais vous ouvrir. Je peux vous lâcher ? Vous allez tenir debout ? Ouais, ouais, fit Simon. Elle déclencha l'ouverture des portes puis aida Simon dans son installation.

Elle se refuse rien, la petite, pensa-t-il une fois couché dans la décapotable. Elle exploite les pauvres musiciens. Je serais curieux de savoir combien elle les paye les trois petits, faudra que je lui demande. Vous me laisserez la conduire ? dit-il. Si vous y tenez, dit Debbie, mais avant vous allez dormir. Vous aussi ? dit Simon. Oui, moi aussi, dit Debbie, tout le monde va dormir. Non, dit Simon, pas tout le monde, de l'autre côté du monde c'est l'heure de se lever.

La balade en bagnole fut trop brève. C'est vrai, c'est agréable de se laisser conduire comme ça par une femme qu'on aime, même si on n'en veut pas, le crâne dans du coton, les yeux pleins de sel, le sel des larmes du sommeil quand on bâille, des larmes pleines de buée, de reflets, de lueurs, des lumières qui surveillent le vide, éclairent le calme, le désert des rues, pas une seule voiture à part celle-ci qui nous promène, engourdi bien calé : Moi je ne bouge plus d'ici, pensa le crâne de Simon.

Voilà, on y est, dit Debbie. Elle descendit de voiture, en fit le tour par l'avant comme à sa place un galant homme l'eût fait. L'homme en question se rendormait à la place du mort. Debbie l'aida à s'extraire du cabriolet.

Comme convenu, à l'heure qu'il était, près de trois heures du matin, il fallut réveiller le concierge. Qui ronflait dans sa chaise à bras en compagnie d'une petite télé planquée sous le comptoir.

L'écran réglé trop vif par le dessous lui blanchissait la face, l'ombrait, la lui grisaillait, le style masque mortuaire. Ah, c'est vous, madame Parker, dit-il. Simon pensa : Tiens, il la connaît.

Oui, c'est moi, dit Debbie, je vous ai appelé tout à l'heure, pour retenir une chambre, au nom de monsieur Nardis. Le type regarda Simon. C'est lui, pensa-t-il. Oui, c'est moi, pensa Simon, qui regardait le type, ne voyant en lui qu'une borne minérale, dernier obstacle avant son lit.

Oui, oui, disait le type, oui, oui, il se réveillait, il n'arrêtait pas de dire oui. Vous me donnez la clef ? dit Debbie. Attendez, attendez, disait le type, maintenant il n'arrêtait plus de dire : Attendez. Simon se mit à geindre : On y va ? dit-il, j'en peux plus, moi. Oui, oui, on y va, dit Debbie : Bon alors vous me la donnez cette clef ?

C'était le 12, au premier. Une chambrette pas trop mal, même plutôt bien, Simon s'en rendra compte demain matin. Pour l'instant il est dans le cirage. Il se rendormait tout habillé. Il faut vous déshabiller, dit Debbie, vous entendez ? Elle lui tapotait la joue comme à une évanouie. Vous n'allez pas dormir comme ça, dit-elle. Si, fit Simon. Non non non, dit Debbie, il n'en est pas question : allez, un petit effort, je vais vous aider. Simon se rendort. Debbie le secoue. Elle dit : Attendez un peu, je vais m'occuper de vous, moi, vous allez voir. Rire de Simon.

Qu'est-ce qui vous fait rire ? Je pense à Suzanne, dit-il. Debbie : Votre femme ? Oui, dit Simon, elle aussi s'occupe de moi comme ça, elle est gentille, vous aussi vous êtes gentille, j'ai de la veine quand même, je ne connais que des femmes gentilles. Fermez-la, dit Debbie, aidez-moi plutôt, vous l'appellerez demain.

Suzanne ne dormait pas. Ses oreilles sifflaient. Tiens, se dit-elle, quelqu'un est en train de dire du mal de moi. En pleine nuit c'est

84

sûrement lui. Sans doute, oui, mais avec qui ?
A qui dit-il du mal de moi ? Peut-être à personne, après tout, il est peut-être seul. Il pense
tout seul du mal de moi. Il pense qu'il en a
marre de moi.

Mais non, Suzanne, il se déshabille, et se
déshabiller quand on dort debout c'est long et
pénible jusqu'à la nausée. Et quand quelqu'un
vous aide c'est encore plus long. J'ai froid, dit-
il. Debbie n'eut pas besoin de lui demander
son âge. Les poils blancs sur le torse. Les plis
de la peau.

Mettez-vous dans les draps, dit-elle, vous
n'aurez plus froid. Simon dit : Faut que je fasse
pipi, et puis j'ai soif. Allons bon. Debbie lui
couvrit les épaules avec sa veste : Voilà, dit-elle,
maintenant allez faire pipi, buvez un verre
d'eau et couchez-vous, j'en peux plus moi non
plus.

Simon revint de la salle de bain. Debbie
veilla à ce qu'il se couche bien. Elle le borda,
lui souhaita bonne nuit, éteignit puis se retira.

La chasse d'eau faisait du bruit. A cause du
silence de la nuit. Sans doute aussi à cause du
joint du robinet d'arrêt. Il faudrait le changer.

En parler au concierge. Elle attendit la fin du bruit. Le bruit diminua puis cessa. Tout est calme à présent. Simon dort. Je peux m'en aller, pensa Debbie.

10.

Elle aussi s'imaginait responsable de la mort de Suzanne. Je parle de Debbie. A vrai dire sans raisons. On en trouve toujours. Elle en trouvait. Je lui ai pris son mari, me disait-elle. Mais non, lui disais-je, tu ne lui as pas volé Simon, tu l'as remplacée auprès de lui. Des choses de ce genre. J'étais loin de la convaincre. Elle seule savait ce qu'elle devait se reprocher. On est toujours seul à le savoir.

On a parlé de ça bien plus tard. Elle était venue avec Simon passer le week-end chez moi à la campagne. On s'est trouvés seuls un moment. Simon après le déjeuner était parti faire un tour dans le parc avec Jeanne, ma femme.

Debbie et moi on avait repris du café sous le grand parasol dans la cour ensoleillée. Elle me disait qu'une fois rentrée chez elle :

Une fois rentrée chez moi, dit-elle, à l'idée de Simon dormant seul dans cette chambre d'hôtel, je n'arrivais pas à fermer l'œil. Je l'aimais déjà, me dit-elle. Elle est charmante, ai-je pensé, Simon a de la veine.

Elle ajouta : Je voulais le retenir, au moins quelques jours, puis l'empêcher de repartir, le convaincre de rester, lui dire ce que plus personne ne lui disait, que sa vie c'était la musique, le piano, jouer, et non pas, enfin bref. Je le voulais près de moi. Je me reprochais de ne l'avoir pas traîné chez moi. J'aurais dû insister. Il en avait envie, je le sais, d'ailleurs il me l'a dit. Alors pour m'assommer j'ai continué à boire toute seule en pensant à lui et finalement je me suis endormie.

Suzanne y parvint mais sans boire, simplement épuisée, quand le matin est revenu, sa lumière qui apaise, matinale début juin.

Simon dormit mal, peu. Plusieurs épisodes d'une heure ou deux. Le tout le conduisit vers dix heures. Il avait faim. La faim, il la ressentait.

L'heure, n'en avait aucune idée. S'en soucia au moment de se laver.

Il se dirigeait vers la salle de bain. Se frottant la joue, il pensa rasoir. Se passant la langue sur les dents, il pensa brosse. N'avait ni l'un ni l'autre. Début de mauvaise humeur. Sale goût dans la bouche. Juste un échantillon de dentifrice et une dose de gel douche. Quelle plaie. Un miroir ? Ça oui, un très grand, et qui faisait son travail de miroir.

Simon pressa le ridicule tube, un peu de pâte sur le bout de son doigt, se frotta les dents avec ça, c'est mieux que rien, pensa-t-il. La menthe stimula son estomac. J'ai faim, pensa-t-il. Bon, maintenant je vais me doucher. On se parle, le matin.

D'habitude, la première chose qu'il fait avant d'entrer dans le bain. Chez lui à Paris il prend des bains. Que là ce soit une douche ne change rien. Douche ou bain il ôtait ses lunettes et sa montre.

Ses lunettes n'étaient pas sur son nez. Normal. Il les ôte toujours pour dormir. Sa montre n'était pas à son poignet. Pas normal. Il ne l'ôte jamais pour dormir. Qu'est-ce que j'en ai fait ?

Sûrement sur la table de chevet. Ne se souvenait pas l'y avoir posée. Allons voir tout de même. La montre s'y trouvait. Sans doute Debbie, pensa-t-il. Elle a dû m'ôter ma montre. C'est exact, et sous la montre elle avait laissé un petit mot disant ceci :
S'il fait beau demain matin. Coup d'œil par la fenêtre. Il faisait beau. J'irai à la plage. Venez m'y rejoindre si le cœur vous en dit. Coup d'œil à son cœur. Pas très chaud. Son estomac par contre criait famine. On verra ça quand j'aurai mangé, pensa-t-il.

Debbie ajoutait dans un post-scriptum plus long que le mot lui-même : Je me mets toujours sur la droite dans un coin tranquille derrière la troisième digue à partir de la baraque du loueur de planches. Simon se doucha, s'habilla, descendit.

Vous pouvez me rendre un service ? dit-il au garçon de la réception. Simon tendait sa clef. Sans intention de la donner. Qu'il la lâche semblait dépendre de la réponse du garçon. Qui tenait la clef par l'autre extrémité. Bien sûr, monsieur, dit le garçon. Pas le même que cette nuit : De quoi s'agit-il ?

Simon lâcha la clef. Le garçon l'accrocha au tableau puis fit face de nouveau : Je vous écoute, dit-il. Je voudrais, dit Simon, que vous vous renseigniez, il accentua le « niez », sur l'horaire du prochain train pour Paris, fin de matinée ou début d'après-midi, comme vous voudrez, je vais prendre mon petit déjeuner, je serai dans la salle à manger, à propos elle est où, la salle à manger ? Tout de suite à votre gauche, dit le garçon, mais à cette heure-ci.

10 h 30. On ne sert plus. Il y avait juste un attardé au fond, un client. Il finissait de lire son journal. Simon s'approcha de lui. Demanda s'il pouvait encore espérer être servi. Un quotidien allemand, le journal. Qui une fois baissé révéla la moue d'un homme qui à Simon répondit : Allez voir à la cuisine.

Par ses appels Simon obtint qu'une jeune fille se présente au guichet puis obtint d'elle qu'elle lui prépare un thé complet : Je vous apporte ça, dit-elle. Je me mets là, dit Simon.

La table choisie au hasard tournait le dos à l'Allemand. N'y voir aucune rancune de guerre. Simon détestait qu'on le regarde manger. Surtout quand on meurt de faim. Adieu les bonnes manières. Il sentait qu'il allait se goinfrer. D'autant plus qu'il avait repéré, au centre de la salle, pas encore débarrassée une grande desserte ronde avec dessus tout plein de boulangerie fraîche.

Il dévorait son troisième croissant. La jeune fille lui apporta son thé. La bouche pleine il la remercia puis s'en versa une grande tasse sans laisser infuser. La prochaine sera meilleure, pensa-t-il.

Tout ça avait un certain goût de liberté. Tout ça c'est-à-dire être ailleurs. Dans une autre odeur. A une autre heure. Dans un lieu nouveau qui occupe les yeux. Les fenêtres n'ont pas le même ciel. Le thé la même saveur. Se gaver de croissants au beurre. Se dire ça faisait longtemps. Se sentir content. Le garçon de la réception lui apporta son renseignement.

J'ai votre renseignement, dit-il. Un peu tête à claques mais gentil comme tout. Il relisait ses notes. Se relisant il se demanda si Simon pourrait le relire. Dut se répondre non car il eut un geste d'hésitation puis garda pour lui la feuille de bloc que Simon la main tendue s'apprêtait à saisir.

J'écris mal, dit le garçon. C'est la science des ânes, dit Simon. Non, dit le garçon, c'est l'orthographe. Bon, dit Simon, je vous écoute. Et la graphologie ? se demanda-t-il tandis qu'à haute voix le garçon relisait ses notes. Vous voulez répéter ? dit Simon, je n'écoutais pas. Cela fit sourire le jeune homme qui gentiment répéta le début :

Départ 10 h 12. Il arrive à Paris à 13 h 05. Mais celui-là il est déjà parti. Ce fut le tour de Simon de sourire. Après vous avez 13 h 21, dit le garçon, et vous arrivez à 15 h 47. Ah bon ? dit Simon, étonné que le second soit plus rapide : Vous êtes sûr ? Oui, dit le garçon, ou alors carrément le 15 h 23 qui vous met à Paris à 18 h 07.

Simon aurait détesté revoir Paris à 18 h 07. On a ses heures noires. Simon c'était six heures du soir. Bon, dit-il, je vais voir, merci, c'est gentil, vous me laissez le papier ?

Le papier du garçon rencontra celui de Debbie dans la poche de Simon. A propos, dit-il, rappelant le jeune homme : Elle est où la baraque du loueur de planches ?

Sur la plage, dit le jeune homme. Je m'en

doute, dit Simon, mais où exactement ? Là, juste en face, dit le garçon, vous traversez la route du front de mer, vous prenez le premier escalier sur votre droite, vous descendez sur la plage, la baraque est juste là, mais d'une part la mer est basse et d'autre part il n'y a pas un gramme de vent.

Tant pis, dit Simon, merci quand même, pour le train. De rien, monsieur, dit le garçon. Il se retira. Simon le revit un peu plus tard, quand il voulut payer sa note, avant d'aller respirer. Debbie avait déjà réglé. Quand ça ? dit Simon. Ce matin, tout à l'heure, vers 10 heures, dit le garçon. Simon quitta l'hôtel.

11.

Le 13 h 21 lui laissait le temps de faire un tour sur la plage, de voir Debbie s'il la trouvait, si elle-même s'y trouvait, s'il fait beau avait-elle dit mais on ne sait jamais, et puis aussi prévenir Suzanne, ah oui, ne pas oublier d'appeler Suzanne, pensa-t-il en sortant de l'hôtel.

Qu'est-ce qui nous frappe dès nos premiers pas du matin, même si celui-ci touche à sa fin, dans une rue qui mène à la mer ? La légèreté de l'air.

Bien sûr ça n'est qu'une impression. L'air n'y est pas plus léger qu'ailleurs. C'est davantage une affaire d'odeurs, ou de lumière, certainement de fraîcheur, même sous le soleil de 11 heures, l'encore humide fraîcheur de l'air, et puis bien sûr le ciel, là où la mer fait sa liaison, l'absence de tout obstacle à l'horizon, au-dessus quand même et cheminant vers l'ouest une petite caravane de nuages.

Qu'une impression, donc. Mais une impression n'est possible que sur un cœur qui aspire à l'être, impressionné. Il faut pour ça se sentir léger.

Simon se sentait léger. Il avait trop mangé, cinq croissants au beurre mais se sentait le cœur léger. Plein de choses agréables lui arrivaient qui ne lui étaient pas arrivées depuis très longtemps. Jouer du piano, boire de l'alcool, dormir à l'hôtel, sortir pas rasé à 11 heures un jour de juin, être à la mer, la voir, être aimé par un tas de gens comme hier soir, être aimé tout court, être amoureux et le croire, bref il avait rendez-vous.

Pense à appeler Suzanne, se dit-il histoire de ne pas se sentir tout à fait heureux, ce serait dommage de ne pas se sentir un peu coupable, mais ça ne fait rien, elle n'en saura rien, pensa-t-il un peu lâche, un peu honteux, juste ce qu'il faut, et il fait beau, alors.

Alors rien. La mer était loin. Pas un gramme

de vent. Un tas de jeunes vautrés autour de la baraque du loueur. Simon en tenue de ville dépassa tout ça, se demandant si ces jeunes gens n'avaient rien de mieux à faire que d'attendre le vent en tenue de planchiste roulée sur la taille, rien de mieux à faire que d'attendre la mer. Puis se souvenant qu'en juin on n'a plus cours, il pensa aux études de son fils. Pas glorieuses spécialement mais victorieuses finalement. C'est bien, pensa-t-il, car moi-même je ne suis pas un aigle, sa mère par contre est intelligente et courageuse comme lui. Pense à l'appeler, se dit-il, et puis cesse de penser, tu vas tout gâcher.

Aucun danger. La mer est là. Elle est toujours là. On peut s'absenter, même très longtemps, on revient, elle est là. Tu m'attendais ? dit-il. Eh bah viens, au lieu de rester là-bas toute seule. Imbécile. Tu ne me vois pas ? Pourtant je suis là. Il se retint d'agiter les bras, comme quand il était petit, il criait : Hou-hou, la mer, je suis revenu, je suis là.

Debout sur la dureté du sable humide, veste ouverte, mains dans les poches, les yeux puis tout le visage sous une petite brise qui enfin se levait, Simon s'était planté devant la mer.

Il avait commencé par lui parler. Il faisait toujours ça quand il la retrouvait. Il la tutoyait. Ça fouettait l'émotion. L'émotion était venue mais pas aussi forte qu'attendue. Plus tôt que prévu il s'était lassé de la regarder. Sans doute parce que basse, loin. Sans doute parce que vieux, fatigué. Il décida de marcher.

Sur la droite, c'est bien ça ? Il relut le papier. Se demanda si Debbie était là. Si elle était venue. Si elle serait encore là. Vaudrait mieux pas, se dit-il. Où ça déjà ? Derrière la troisième digue ? Il relut le papier, le garda à la main, et comme l'explorateur qui progresse carte en main il aperçut la première digue. Il était 11 h 20.

Elle est loin, pensa-t-il. Un coin tranquille, dit-elle. Je comprends pourquoi. Personne n'a le courage de marcher jusque là. Moi si, mais moi, enfin bref. Il rangea le papier de Debbie. Rencontra celui des horaires. De nouveau le consulta. 13 h 21, relut-il.

Simon pensa j'ai deux heures devant moi. Plus qu'il n'en faut. Trop peu et trop. Il ne se passera rien. On parle un peu. J'appelle Suzanne. Je commande un taxi. Je saute dans le train. Merci beaucoup. J'ai passé une excellente soirée.

Derrière la troisième digue il ne trouva personne. Simon pensa s'être trompé. Il recompta les digues. Perché sur le plus haut rocher. La main au-dessus des yeux. Subjugué d'avoir parcouru semblable distance. Cette longue bande d'écume courbe.

Le vent frais qui venait de la mer glaçait une légère sueur en s'engouffrant sous les pans de sa veste, lui causant une curieuse sensation hésitante, entre chaud et froid, léger frisson, légère chaleur.

Simon se réfugia derrière la digue et, à l'abri du vent, sous le soleil exactement, il ôta sa veste, l'étendit sur le sable humide puis posa ses fesses sur la veste. Ensuite il retroussa ses manches de chemise et se tenant les genoux il contempla la mer. Eut rapidement droit au célèbre sentiment d'éternité. Suivi en toute logique d'un désir de mort. On lui banda les yeux.

Deux mains fraîches lui demandaient comment il préférait mourir. Sans savoir ou en sachant ? L'imbécile préférait savoir. Il se désaveugla et, gardant les mains dans les siennes, les noua autour de son cou, ou plutôt les bras, des bras fins, qui allaient avec les mains, fraîches dans les siennes, puis tira sur les bras et sentit dans son dos le buste de la femme, puis entendit sa voix.

J'ai quelque chose pour vous, dit Debbie. Ah bon ? dit Simon. Assis, il ôta ses chaussures et ses chaussettes, ensuite il retroussa son pantalon. On est bien, pensa-t-il, il fait bon. Debbie dit : Je vous ai apporté ça.

Simon se retourna. Elle était debout derrière lui. D'une main elle tenait son sac ouvert, de l'autre elle lui tendait l'étui. Simon était toujours assis, se dévissant la tête pour voir ce que montrait Debbie. Il se leva : Qu'est-ce que c'est ? dit-il. Le soleil dans les yeux. Ouvrez-le, dit Debbie, vous verrez bien.

L'étui dans les mains, modèle réduit d'une boîte de saxophone ténor, Simon s'en désintéressa, il regardait Debbie. J'ai envie de vous embrasser, dit-il. Elle rit. Cette façon enfantine d'annoncer ses envies amuse toujours les femmes. Quand elle riait on voyait ses petites dents de devant. Elle était très mignonne. J'ai envié Simon souvent.

Je me fous de cet étui, et plus encore de ce qu'il y a dedans, dit-il, s'emballant un peu, ce que je veux c'est vous embrasser. Il n'avait qu'à le faire, au lieu de demander. Un refus vaut mieux que de ne pas essayer. Pas avant que vous ne soyez rasé, dit Debbie. Ah, c'est ça, dit Simon.

Il ouvrit l'étui. Un rasoir, donc. Fallait pas, dit-il, vous êtes folle, vous n'auriez pas dû, à quoi ça rime ? Et puis qu'est-ce que vous voulez que je fasse d'un rasoir électrique sur la plage ? Il est à pile, dit Debbie. Bon, allez, assez discuté, dit-elle, rasez-vous et pendant ce temps-là, moi, je me mets de la crème.

Qui dit crème dit peau. Qui dit peau à bronzer dit peau dénudée. Qui dit peau dénudée dit vêtements ôtés. Se rasant Simon n'osait pas regarder. Faut que j'appelle Suzanne, pensat-t-il. Le rasoir gazouillait. Ne rasait rien du tout mais gazouillait.

Se frottant la première joue. Il en était toujours à la première joue. Simon se demanda s'il était souhaitable d'insister avec cet engin qui ne rasait rien du tout. Tout ce que je vais gagner, pensa-t-il, c'est de me démolir la joue.

Elle m'a refilé un truc à elle, pensa-t-il, le truc qu'elle utilise pour se raser les jambes. Oh, seigneur, comme je n'aimerais pas que ses jambes piquent. Mais non, voyons, elle doit se faire épiler.

Enfin bref : Insiste, insiste, se disait-il, car malgré tout, à force d'insister, ça rasait quand même un peu : Dites-moi, dit-il, sans la regarder se déshabiller : Si je n'arrive pas à me raser avec cette saloperie, vous m'embrasserez quand même ? Le parfum de la crème solaire. Il pensa qu'il pouvait regarder.

12.

La robe sans manches d'un beau bleu sombre gisait bien étendue sur le sable homogène jaune foncé. Jolie phrase. A côté d'elle, une serviette blanche un peu plus longue, elle aussi lissée, bien à plat sur le sable et sur la serviette blanche Debbie en maillot une pièce noir. N'oublie pas d'appeler Suzanne, pensa Simon.

A propos, dit Debbie, je me suis renseignée sur l'horaire des trains. Moi aussi, dit Simon. Il souffla sur la grille du rasoir, le replaça dans son étui puis vint s'asseoir à côté de Debbie. Voyons si vos trains sont les mêmes que les miens, dit-elle, passez-moi mon sac.

Debbie parlait notre langue avec un délicieux accent américain. Son sac, dieu sait pourquoi, elle ne pouvait pas l'atteindre. Un sac comme ça se faisait dans le temps pour aller à la piscine. Fermé en haut par une ficelle passant dans des œillets dorés. Simon le lui passa.

Debbie fouilla, trouva, ce qu'elle avait noté, et aussi ses lunettes grâce à quoi Simon lui supposa un âge qu'elle ne faisait pas.

Son maillot lui allait à merveille. Mieux que ça. Semblait fait pour elle. Mieux que ça. Avoir été fait, non pas pour elle mais sur elle. Peut-être même avec sa peau. Mais comme c'est impossible elle avait dû naître comme ça, en maillot une pièce noir.

Dans le mouvement qu'elle fit pour reposer son sac de piscine, son foutoir à ficelle, Simon put voir que la peau se fripait au pli intérieur de la cuisse et au pli intérieur de l'épaule. Debbie avait bien l'âge qu'elle ne faisait pas.

Le prochain, dit-elle, est à 13 h 27, et comme il est midi ça nous laisse en gros une heure et demie. Vous êtes sûre ? dit Simon. Il tendit le bras et fouilla dans sa poche de veste.

Non, dit-il, son papier à la main, vous faites erreur, le prochain n'est pas à 13 h 27, il est à

13 h 21 : 13 h 27 c'est l'heure d'arrivée du précédent qui est déjà parti.

Debbie n'était pas à six minutes près. Elle le lui dit. Simon si. C'est important, dit-il, six minutes, on manque son train pour moins que ça, si je vous écoutais je le raterais.

Et puis après ? dit Debbie. Après, après, dit Simon. Ce serait si grave que ça ? dit Debbie. Grave, grave, non, dit Simon, mais. Mais, mais, dit Debbie. Oui, oui, dit Simon. Eh oui, dit Debbie. Bah oui, dit Simon. Eh oui, refit Debbie. Bah oui, refit Simon. Et chacun refit ça un certain nombre de fois, Debbie son ehoui, Simon son bahoui.

Et cet « ehoui-bahoui » se révélant swinguant ils improvisèrent un petit blues. Debbie claquait des doigts pour scander son « ehoui ». Simon lui répondait par son « bahoui ». Simon me disait qu'ils avaient improvisé comme ça pendant au moins 96 mesures en si bémol. Puis tous deux à bout de souffle ils ont éclaté de rire.

Rire de la même chose les poussa à se regarder. Se voir rire du même plaisir les poussa à s'embrasser. Ensuite, ma foi, j'hésite.

J'hésite à relater ce qui s'est passé ensuite. Je me demande si c'est indispensable. Je me réponds que ce qui a trait au sexe ne l'est jamais, indispensable. Je me demande surtout comment le faire sans vulgarité. Simon me l'a raconté sans vulgarité. Je dirais même avec pudeur, sa pudeur naturelle, sa façon à lui d'être pudique.

J'ai envie d'essayer. D'autant plus que c'est à cause de ça que Simon a encore manqué son train. Je dis manqué mais non, il ne l'a pas manqué. Ce train-là, il n'a tout simplement pas voulu le prendre. Et à cause de ça il a dû mentir à Suzanne. Et à cause de ce nouveau mensonge Suzanne est partie le chercher et elle s'est tuée.

Quand Simon m'a raconté cette scène d'amour j'ai trouvé ça charmant, s'agissant d'un homme et d'une femme vieillissants qui sans doute ne connaîtront plus jamais une émotion de cette qualité, aussi intense, aussi belle dans sa fulgurance.

Bref, ça fait une heure que je suis là en train de me demander comment je vais m'y prendre. Eh bien je vais faire comme je fais d'habitude quand je suis embarrassé, je vais commencer, ni par le début ni par la fin mais par le premier bout qui se présente. Simon s'était mis en tête de laver son pantalon dans la mer. Elle remontait, à propos. Le labyrinthe de rochers couverts d'algues disparaissait sous une couche d'eau. Mais pourquoi diable voulais-tu laver ton pantalon dans la mer ? lui dis-je. Simon me dit : Parce que je m'étais sali. Comment ça, sali ? lui dis-je, depuis quand est-ce salissant ? Simon me dit : Je ne m'étais pas déshabillé, pas le temps, trop pressé, trop urgent, trop brûlant, que sais-je, me dit-il, trop inattendu, trop surprenant, pas le moins du monde prémédité, et puis la pudeur, je ne sais quoi, le fait d'être en plein air, comme ça, au bord de la mer, je n'avais jamais fait ça et je l'ai fait sans y penser, sans penser que ça ne se faisait pas, je suppose que tu comprends.

Non, je ne comprenais pas. Je suis sans doute idiot mais je ne comprenais pas comment il en était arrivé à tomber dans l'eau tout habillé. Je comprenais qu'il avait glissé sur un rocher, ça oui, ça glisse, mais toujours pas pourquoi il s'était avancé jusque là, en caleçon, pour laver son pantalon.

Simon est devenu tout rouge et en souriant, le sourire timide qu'il avait si charmant, j'aimais beaucoup Simon, il me dit : Debbie et moi, serrés l'un contre l'autre, nous embrassant comme des fauves, nous n'avons fait qu'écarter nos vêtements pour que l'amour puisse passer, et après nous sommes restés un petit moment sans bouger l'un dans l'autre. Seulement, dit-il, tels que nous étions placés, allongés sur une légère pente, Debbie m'a rendu tout ce que je lui avais donné, et quand nous nous sommes séparés, je veux dire écartés pour nous refermer, je veux dire nos vêtements, j'ai constaté que j'étais trempé.

Et alors ? dis-je. Alors, alors, me dit Simon, tu vas rire mais j'ai eu peur, je pensais à Suzanne. Moi : Que tu devais l'appeler ? Non, dit Simon, que j'allais me faire engueuler, alors j'ai fait ni une ni deux, j'ai ôté mon pantalon et j'ai couru vers la mer pour le laver.

Moi : Et tu es tombé à l'eau. Lui : Pas en courant, me dit-il en riant, repenser à tout ça le faisait rire : C'est quand je me suis penché sur le trou d'eau pour faire ma petite lessive, un large trou d'eau claire, avec crabe et crevettes, tu vois le genre, j'ai glissé sur les algues, j'étais pieds nus, enfin voilà, plouf.

Et Debbie ? lui dis-je. Quoi, Debbie ? me dit-il. Il me regarda d'un air inquiet. Il avait tort. Je n'avais pas l'intention de lui demander si elle aussi l'amour l'avait salie : Qu'est-ce qu'elle faisait ? Elle riait, me dit Simon. Quand je suis tombé elle a éclaté de rire. Je l'ai entendue, pourtant j'étais loin. Elle a crié puis ri. De plus belle quand elle m'a vu revenir.

Moi : Et ensuite ? Bah, ensuite, je me suis mis torse nu, me dit-il, ma chemise était trempée, et je suis resté comme ça, en caleçon, au soleil, me disant deux ou trois choses, quatre exactement :

1) Je ne peux pas rentrer comme ça.
2) Il est 12 h 55.
3) Le temps que ça sèche.
4) Je prendrai le suivant.

Tout à coup Debbie se leva. Elle s'inquiète pour le train, ai-je pensé. Où allez-vous ? lui dis-je. Debbie me dit : Je vais vous acheter un pantalon et une chemise. Mais non, lui dis-je, mais non, allons. Quelle taille ? me dit-elle, 42 ou 44 ? Alors moi : Pour la chemise ou pour le pantalon ? Elle : Les deux. 42, dis-je, pour la chemise, 44 pour le pantalon, mais encore une fois vous ne devriez pas, d'ailleurs je vous l'interdis. Et tu sais ce qu'elle me dit ? Elle me dit : Fermez-la, chéri.

Simon me disait l'avoir regardée s'éloigner, la robe bleue, les longues pattes brunes, ses sandales et son sac de piscine, et puis surtout cette cadence décidée.

Vers la route elle remonta la plage et quand elle passa près de la cabine téléphonique derrière la dune, Simon pensa : Je vais appeler Suzanne pendant ce temps-là, je vais en profiter pour l'appeler. Il était 13 heures.

13.

Vous écoutez France Inter, il est 13 heures. Le journal vous est présenté. Avant d'ouvrir cette édition de la mi-journée. Nous voudrions. Non pas vous gâcher ce qui vous reste à vivre. De ce long week-end de grand beau temps. Mais encourager à la prudence.

Nous apprenons à l'instant qu'un terrible accident. Nous avons pu joindre au téléphone Harry Tabanen, ex-pilote de course, double champion du monde des rallyes, à présent député européen, écoutons-le :

Je possède une maison dans le sud de la France, par conséquent je suis amené à fréquenter les routes françaises, eh bien permettez-moi de vous dire que les Français se conduisent d'une manière scandaleuse.

Ralentis, se dit-elle. Debbie roulait comme une folle dans les rues balnéaires. Ralentis, ma cocotte, c'est pas le moment d'avoir un accident, tu as trouvé l'homme de ta vie et il t'attend. C'est rouge, arrête-toi.

Elle en profita pour éteindre la radio. On parlait encore du président, le sien, l'Américain. Une histoire d'amour. Elle laissa son cabriolet allemand bleu foncé à capote bleu clair à peu près n'importe où et se précipita dans un magasin.

Ah, madame Parker, comme vous êtes jolie ce matin, dit la gérante qui n'attendait qu'elle sur le seuil, et puis vous tombez bien, dit-elle, j'ai reçu des petits ensembles très mignons qui devraient vous plaire, vous voulez les voir ?

Plus tard, dit Debbie, ôtant ses lunettes noires d'un geste très précis, indiscutable, ses yeux scrutaient déjà l'arrière-boutique. Dans l'immédiat, dit-elle, il me faut un pantalon, taille 44. La gérante la regarde. Debbie précisa pour homme. Dans ce cas, dit la gérante, il faut voir ça avec Francine.

Debbie vit ça avec Francine au rayon homme. Un pantalon clair, neutre, beige, léger, d'été, oui, à pinces, et une chemise, blanche, non, pas de manches longues, plutôt une chemisette, il aura moins chaud dans le train, s'il le prend, dit-elle. Comment ? dit Francine. Debbie dit : Rien, rien.

Simon frissonnait sur la plage. A cause d'un tas de choses. L'émotion, les nerfs, l'eau froide, l'épuisement passager conséquence de l'amour.

Il s'était enveloppé dans la grande serviette blanche de Debbie, puis, ne pouvant faire cesser ses frissons, s'était décidé à se débarrasser de son caleçon mouillé, occupé d'une seule pensée, appeler Suzanne.

Il se leva, noua la serviette autour de sa taille. Puis, pour le faire sécher, posa son caleçon sur une pierre. Puis fouilla dans sa poche, intérieure de veste. Puis dans son portefeuille. Muni d'une télécarte il se dirigea vers la cabine derrière la dune.

C'est moi, dit-il, j'avais peur que tu ne sois pas encore rentrée du marché. J'arrive à l'instant, dit Suzanne. Et toi ? dit-elle, tu arrives quand ? Je n'arrive pas, dit Simon. Comment ça ? dit Suzanne. Je l'ai encore raté, dit Simon. Silence, émaillé d'un bruit de légumes qu'on range dans le bac du frigo. Simon : Qu'est-ce que tu fais ? Suzanne : Je range les courses, avec cette chaleur, j'ai pas envie que ça se perde. Simon : Tu feras ça plus tard, je suis en train de te parler. Oui, dit Suzanne, tu me parlais, tu me disais que tu l'avais encore raté, ton train. Elle explosa : Tu te fous de moi ? Qu'est-ce qui s'est encore passé ?

Un malentendu, dit Simon, une confusion, deux sources de renseignements qui se contredisent : le garçon de l'hôtel, première source, m'a annoncé 13 h 21, alors que Debbie, deuxième source, m'a, elle, annoncé 13 h 27, alors qu'en réalité, 13 h 27, c'est l'heure d'arrivée du train précédent, tu sais, celui que j'ai raté, j'aurais dû me fier au garçon de l'hôtel, je me suis fié à Debbie, du coup quand je me suis pointé à la gare sur le quai à 13 h 25, le train était parti. Merde, pensa-t-il, il n'est pas encore 13 h 25.

Suzanne : Qui est-ce ? Simon : Qui ça ? Suzanne : Cette Debbie ? La propriétaire du

114

club, dit Simon, c'est elle qui m'a autorisé à jouer du piano, elle est aussi chanteuse, pas mal d'ailleurs, Américaine, blanche, on a fait un duo.

Je vois, dit Suzanne, bon alors écoute : Tu restes où tu es, je viens te chercher. Formidable, dit Simon, comme ça on rentrera ensemble, tous les deux en voiture, je préfère ça que d'aller voir ta mère, remarque on peut s'y arrêter en redescendant, tu n'as qu'à l'appeler, lui dire que je suis malade, on peut même passer la nuit ici, je reprends ma chambre, on fait un tour et puis on rentre, tu profiteras un peu de la mer, qu'est-ce que t'en penses ?

Silence. Debbie revenait. Simon : Tu comptes arriver quand ? Ça dépend, dit Suzanne, vers 18 heures si ça roule bien. En milieu de week-end, comme ça, ça devrait bien rouler, dit Simon, mais je dirais plutôt vers 19 heures, inutile de foncer, en tout cas je t'attendrai à l'hôtel.

Debbie approchait avec un sac vert contenant chemise et pantalon. Elle a fait vite, pensa Simon. Quel hôtel ? dit Suzanne. D'Angleterre, dit Simon. Quelle adresse ? dit Suzanne. Je ne sais pas, dit Simon, mais tu sais, je doute qu'il y en ait trente-six, tu demanderas. Suzanne : Je veux l'adresse, tu entends, donne-moi l'adresse.

Bon d'accord, dit Simon, une seconde. Il ouvrit toute grande la porte de la cabine et appela Debbie qui passait : C'est quoi l'adresse de l'hôtel ? Debbie répondit en criant elle aussi. Tu notes ? dit-il. Suzanne nota, puis : Tu es où, là, en ce moment ? dit-elle, tu m'appelles d'où ?

D'une cabine ensablée, dit Simon, à la plage, pourquoi ? Tu as bu ? dit Suzanne. Non, dit Simon, juste une tasse, pourquoi ? Suzanne : Et cette Debbie est avec toi ? Bah oui, dit Simon, pourquoi ? Pour rien, dit Suzanne, j'arrive.

14.

La mer remontait. Le 13 h 21 roulait vers Paris. Le caleçon séchait. Simon ne l'avait pas essoré. Le séchage risquait de durer. Le soleil s'était caché. Un nuage passait. Debbie n'avait pas pensé au caleçon. Simon non plus. Mais plus rien ne pressait. Le prochain train, comme les précédents, ainsi que les suivants, partiront sans Simon.

En pagne éponge blanc, l'air contrarié, sa télécarte à la main, il redescendait vers le rocher où son caleçon séchait. Debbie ôtait sa robe bleue. Elle se détachait par le haut, tomba aux pieds. Je vais me baigner, dit-elle. Le soleil revenait. Le nuage passait. J'ai besoin de me rafraîchir, dit-elle. Je vais avoir besoin de la serviette. Vous avez froid ? Vous tremblez. Changez-vous. Je vous ai acheté des vêtements secs. Ça s'est bien passé ? Quoi donc ? dit Simon. Avec votre femme. Oui, à peu près, dit-il.

Simon attendit que Debbie soit dans l'eau. Elle n'eut pas beaucoup à marcher. La mer venait à sa rencontre. Quand son corps enfin fut immergé Simon dénuda le sien.

Debbie nageait vers le large. N'allez pas trop loin, pensa-t-il. Si ma femme me largue, j'aime autant que vous soyez vivante, pensa-t-il, puis il dénoua son pagne, lui rendit sa forme de serviette et bien à plat sur le sable l'étendit, puis lui-même nu s'y étendit.

La tristesse le gagna quand il dut débarrasser la chemisette empesée de tous les renforts de carton et de toutes les épingles. Il enfila la chemise blanche. Le pantalon était trop long. Il roula le bas des jambes. Curieuse sensation, pensa-t-il, que de se trouver cul nu sous le pantalon. Ensuite il alla voir où en était le séchage de son caleçon. Le tâta, c'était mouillé. Le tordit, de l'eau coula. J'aurais dû le tordre plus tôt, pensa-t-il.

La tristesse le gagnait. Bien que de forme semblable, short, le caleçon n'est pas un maillot de bain. C'est la matière qui fait la différence, pensa-t-il. C'est pas fait pour ça, on ne se baigne pas avec ça, pensa-t-il, regardant tristement le sous-vêtement, et, le regardant, il répéta : Pas fait pour ça, et, le répétant, il pensa :

Pas plus que je ne suis fait pour tromper ma femme, même si je l'ai trompée souvent. Pas plus que je n'étais fait pour durer, en tant que pianiste professionnel. En fait je ne sais pas pour quoi j'étais fait.

Debbie revenait. La beauté, pensa-t-il, voilà pour quoi j'étais fait, pour l'admirer, l'aimer, et si possible en fabriquer moi-même, en créer. Or dans le jazz il n'y a pas de beauté. Du swing, certes, de l'émotion, de la joie et de la danse dans le corps, voire de la rage, tristesse ou gaîté mais pas de beauté, je regrette.

Regardez-la, regardez comme elle est belle, pensa-t-il. Tu es à moi. Jamais d'une femme il n'avait pensé ça, me confia-t-il.

Etait-ce le commencement de quelque chose ? N'était-ce pas plutôt la fin de quelque chose ? Ni l'un ni l'autre. C'était l'un et l'autre.

119

Quelque chose d'autre. D'entre les deux. D'où cette dépression de l'attente dans un temps arrêté, un vide où quelque chose devait se décider. Pas obligé, pensa Simon, ça n'est sans doute qu'une impression. Il corrigea lui-même et pensa illusion.

Ça n'était qu'une absence de train. Une femme à la place d'une autre. A quelle heure est le prochain ? dit-elle, comme pour distraire le regard de Simon agrippé à toute sa peau mouillée.

L'odeur de Simon devait avoir imprégné la serviette blanche. Tu sens bon, dit-elle. Elle s'en tamponnait le visage puis s'enveloppa dedans. Je mets ta peau, dit-elle, je me mets dans ta peau. Simon, davantage troublé par l'usage de ce « tu ».

Le « tu » en léger différé semblait rappeler que quelque chose s'était passé. Le dire, le certifier. Plus moyen d'en douter. Comme dans ce film dont Simon se souvenait. Avant la nuit, deux amants se vouvoient. On les quitte pour la nuit. Après la nuit ils se tutoient. On comprend qu'ils se sont aimés. C'est élégant, pudique, ça se passait dans un train.

Je ne prendrai pas le prochain, dit Simon. Debbie lissa ses cheveux mouillés puis s'allongea sur la serviette. Ces vêtements te vont bien, dit-elle. Tu entends ? dit-il. Oui, dit Debbie, j'entends que tu restes avec moi. Non, dit Simon, Suzanne va nous rejoindre, me rejoindre, te rejoindre par la même occasion. Elle vient. Elle va venir. En voiture. Elle sera là vers 18 ou 19 heures. Elle veut que je cesse de manquer les trains. Elle sait. Elle a senti, compris, que si je reste là, avec toi, je ne vais plus cesser de les manquer, que tout ça va recommencer. Elle a peur.

Debbie dit : Il est quelle heure ? Simon assis près d'elle se pencha, tendit le bras vers sa veste, fouilla dans une poche, en tira sa montre, à l'envers, la retourna, puis, tête penchée : 13 h 45, dit-il.

Debbie dit : Chic, ça nous laisse quatre heures, peut-être même cinq. Elle se redressa : Embrasse-moi. Il l'embrassa. L'embrassant, il eut cette curieuse pensée. Due à quoi je ne sais pas, me dit-il, peut-être au goût des lèvres, le sel, le soleil reparu, la chaleur, le temps stoppé. Quelle pensée ? lui dis-je.

La pensée que ces quatre heures de liberté, avaient toujours existé, n'avaient jamais commencé, ne pouvaient donc pas finir, une fin sans fin, en quelque sorte, un commencement sans fin. Il me disait avoir pensé : Je t'ai toujours aimée.

L'interroger. Debbie. Il fut tenté de le faire. Savoir si elle aussi ressentait ça. S'abstint, n'osait pas. La peur de s'entendre dire non. C'est curieux, dit-elle, cette impression que j'ai, de te connaître depuis toujours, je n'ai jamais ressenti ça. Elle regarda très sérieusement la mer. Qu'est-ce qu'on va faire, dit-elle, de ces quatre heures peut-être cinq ?

Le « peut-être cinq » la fit rire. Elle regarda Simon, lui montra son rire, puis son sourire : Qu'est-ce que tu préfères ? dit-elle. La mer monte, dit Simon, elle sera bientôt là, partons : Que dirais-tu de m'acheter un caleçon ?

15.

Chez moi aussi c'était samedi. Il faisait beau chez moi aussi. Début juin la maison et le parc sont absolument resplendissants. Quand l'été revient les amis reviennent. Seuls les plus anciens, de rares fidèles, font le voyage d'hiver. Simon faisait partie de ces raretés. Deux ou trois, en tout. Même pas. Une ou deux. A vrai dire il était le seul qui acceptât de se geler dans ma grande maison mal chauffée. C'est d'ailleurs en hiver qu'il est venu pour me parler de son mariage avec Debbie. Il voulait connaître mon avis.

Suzanne aussi voulait mon avis quand elle m'a appelé à 13 h 30. Je n'étais guère disponible. J'avais des invités. Qui dès le mois de juin se rappellent que j'existe et se disent tiens, on passerait bien ce long week-end à la campagne. Je suis content de les voir. Je m'ennuie, seul sous la neige.

Jeanne est allée répondre puis elle est venue me chercher. Je l'ai suivie dans une pièce à côté. La plus proche d'un possible aparté. C'est Suzie, me dit-elle, elle a l'air énervée. Sois gentil, parle-lui. J'ai pensé Simon n'est toujours pas rentré et j'ai pris le téléphone.

Suzie m'avait déjà appelé deux fois pour la même raison. J'étais très embêté. A vrai dire partagé. Je me réjouissais pour Simon, me désolais pour Suzanne. Je me disais elle a raison et en même temps je comprenais Simon.

Simon périssait de tristesse, c'est évident, mais en même temps, la vie qu'il menait, depuis si longtemps, cette vie d'ingénieur, j'ose à peine le dire, semblait parfaitement lui convenir.

La prétendue vocation nous trompe tout le temps. J'en sais quelque chose. On pense être fait pour telle chose. On est fait pour telle autre. Et encore, pas sûr. Moi par exemple, j'ai toujours voulu être écrivain et je suis peintre. Enfin passons.

Une vie sobre, saine. Il avait tourné le dos au jazz. Se nourrissait exclusivement de musique classique. Il me disait avoir découvert ce qu'il appelait la beauté en musique, introuvable selon lui dans le jazz.

Je n'étais pas d'accord du tout. Je lui disais moi, quand j'entends Charlie Parker jouer *Lover Man*, ou Coltrane jouer *Naima*, ou Ornette Coleman jouer *Lonely Woman*, c'est bel et bien de la beauté que j'entends.

Simon répondait non. Il disait : C'est émouvant, voire bouleversant, mais beau, non, à aucun moment je n'ai ce sentiment, la beauté dont je parle relève d'une autre sensibilité.

On parlait de ça toute la nuit. Il m'énervait, me dérangeait dans nos habitudes et ça me chagrinait, je dois l'avouer. Il s'échappait, m'échappait et je détestais ça. Sa sensibilité avait trouvé une autre voie et ça me contrariait. Je voulais qu'il soit un jazzman et rien d'autre. Pour ainsi dire à ma place. Je rêvais peut-être d'être musicien. Ni peintre ni écrivain, musicien de jazz.

D'aucuns penseront que je m'égare. Je leur réponds non. Si au sujet de Simon j'avais été moins partagé, jaloux de lui comme je l'ai toujours été, j'aurais sans doute été plus ferme avec Suzanne.

Laisse-le un peu tranquille, lui aurais-je dit, aurais-je dû lui dire : Laisse-le respirer, laisse-le vivre, laisse-le essayer, il a besoin de savoir s'il ne s'est pas trompé. Au lieu de ça je lui ai dit : Tu as raison, va le chercher.

Encore un mot à ma décharge. J'adore parler à ma décharge. Je ne pouvais pas ne pas me rappeler que sans elle, Suzanne, sans son action, sa réaction immédiate, son expédition de sauvetage, dix ou quinze ans auparavant, Simon serait sans doute mort dans cette chambre minable, ivre mort et drogué il se serait suicidé, alors avant de raccrocher j'ai répété : Oui, ma petite Suzie, va vite le chercher.

16.

Le plus vite possible. En s'arrêtant le moins possible. Pas du tout si possible. Ce le fut. Elle avait fait le plein d'essence la veille. Elle n'aurait pas besoin d'en reprendre. La voiture consommait peu et Suzanne roulait à l'économie. Elle pratiquait ce que Simon appelait la conduite taxi.

Elle s'énerva quand même. Elle ne trouvait plus son sac de voyage. Le petit pour les petits voyages. Quand elle l'eut trouvé elle ne savait pas quoi emporter.

Simon était parti sans rien. Il aura besoin de se changer, pensa-t-elle. S'il se salit. Je vais lui prendre un pantalon. Puis sortant du linge blanc du tiroir de Simon, tee-shirt et caleçon, elle tomba sur un vieux maillot de bain, rouge si mes souvenirs sont bons.

Je vais lui prendre son maillot, pensa-t-elle, s'il a envie de se baigner. Et moi ? Est-ce que je prends le mien ? Non, je suis trop laide. Je n'ai pas envie d'exhiber mes grosses cuisses. Ah et puis si, allez, je vais le prendre quand même. On ne sait jamais. Si on trouve un coin tranquille.

L'idée de se baigner avec Simon commençait de lui être agréable. Elle oubliait le danger. Simon n'était plus en danger. Ne l'avait jamais été. S'il l'était elle était là, déjà, là-bas, avec lui.

Elle se trouva un change pour elle. Pensa au rasoir de Simon. Sa brosse à dents. Ses affaires de toilette à elle. Maquillage et autres. Ferma le sac. Mains sur les hanches elle réfléchissait.

Ah oui, le chat. Elle s'inquiéta pour Dingo. Il s'appelait comme ça. Jamie Nardis, leur fils, l'avait appelé Dingo parce que tout petit l'animal était fou à lier, comme tous les petits chats, oui, sans doute, mais celui-là.

Suzanne calcula qu'elle resterait peut-être

absente quarante-huit heures. Elle appela son fils pour lui demander de s'occuper de Dingo. Le nourrir. Changer la litière. Lui tenir compagnie. Dingo détestait rester seul.

Non, dit-elle, ton père n'est pas rentré. Il n'avait pas envie de rentrer. Il se trouve bien au bord de la mer. Il m'a demandé d'aller le retrouver. Je vais y aller. Je pars, là. C'est pour ça que je t'appelle.

Tout ça est un peu précipité mais enfin, pour une fois, tu peux bien t'occuper du chat, après tout Dingo c'est ton chat, c'est toi qui l'as appelé comme ça, pas moi, tu me l'as laissé quand t'es parti sous prétexte, enfin bref.

Oui, je sais, on devait aller voir Mamie. Je l'ai appelée. Je lui ai dit que ton père n'était pas bien. Elle a compris. On ira la voir le week-end prochain.

Tu as les clefs ?

J'ai laissé l'adresse et le numéro de l'hôtel à côté du téléphone. Anne va bien ?

Jamie Nardis regarda Anne. Mon père recommence à faire des siennes, dit-il. Le fils de Suzanne et Simon avait quitté la maison. Cruauté mentale. Incompatibilité de style. Lui c'était crâne rasé, hard-rock et tee-shirts à tête de mort. Eux, c'était vie rangée et dimanches chez Mamie, le calme, musique classique. Ça ne pouvait pas durer. Il est parti moyennant pension alimentaire.

Il achevait de longues études. Pour tout dire il préparait un doctorat. S'était mis en ménage avec Anne. Une fille brillante. Une gentille petite. Une jolie brunette qui déjà gagnait bien sa vie. Anne regardait Jamie. Elle pensa : J'espère qu'il n'est pas comme son père.

Avec Debbie dans la boutique Simon examinait un modèle de caleçon. Francine, la vendeuse pour hommes, regardait le pantalon neuf roulé sur les chevilles de Simon. Elle pensa lui proposer un petit ourlet express. Quand il aura fini avec ce caleçon, pensa-t-elle. Simon l'examinait sous toutes ses coutures. Ça devrait m'aller, se dit-il, mais dans le doute :

Je peux l'essayer ? dit-il. Bien sûr, dit Francine, la cabine est là. Avec le caleçon Simon s'y enferma. Deux minutes plus tard, rouge comme un coq, il ressortait sans. Je le garde sur moi, dit-il.

Francine ne pouvait pas dire : Monsieur a

très bon goût. Ou bien : Ce vêtement va très bien à monsieur. Ou bien : Monsieur ne pouvait mieux choisir. Elle ne pouvait rien dire. Elle regardait Simon, ses mains vides. Puis sa perplexité se porta sur le rideau de la cabine. Ne le cherchez pas, dit Simon, il est en train de sécher sur un rocher.

Il ne séchait plus. Il flottait. La mer l'avait emporté. Il flottait blanc gris de papier mouillé, flou comme une méduse. Il était 14 h 10. Le train de l'oubli roulait vers Paris.

La mer pleine, étale, assombrie d'algues, de bouts de bois, tachée de couleurs ici et là, ici noire comme goudron, là jaune bidon jeté par-dessus bord, le rouge d'une cuvette chavirée, semblait interroger la plage déserte : Qu'est-ce que je fais de tout ça ? Laisse tout ça là, répondit la plage, on nettoiera.

Le cabriolet de Debbie, bleu allemand, patientait le long de la dune avec somme toute autant d'élégance qu'un couple flaubertien de chevaux laissés là et qui flirtent, se frottant le museau.

Elle monte encore ou elle redescend ? dit Simon. Je ne sais pas, dit Debbie, je crois qu'elle redescend. Simon regardait flotter son caleçon. En repartant, pensa-t-il, on pourrait s'arrêter chez Mamie. Debbie lui prit la main.

17.

Suzanne détestait la forêt. Même le parc, chez moi, à la campagne, qui à lui seul est une petite forêt, elle évitait de s'y aventurer, même accompagnée. Simon au contraire adorait. Ma femme Jeanne avec lui s'y promenait. Suzanne restait avec moi. On bavardait. Je la regardais. Je me demandais pourquoi elle avait peur, et surtout de quoi. Sans doute une vieille histoire, me disais-je, un vieux cauchemar, l'histoire d'une petite fille perdue dans la forêt. Demande-le-lui, me suis-je dit.

Elle me répondit qu'elle détestait se sentir prisonnière, non pas perdue, prisonnière. Je lui fis remarquer que ne pas trouver la sortie d'une forêt c'était bel et bien risquer d'y rester prisonnière. Et bien sûr, de ma part, ça n'était pas une métaphore du mariage, mais Suzanne a réagi : Même Simon, me dit-elle, quand il me retient, serrée dans ses bras, je ne le supporte pas, j'étouffe, j'ai peur.

Il m'est par conséquent très pénible de penser que ma petite Suzie a vécu ses dernières heures prisonnière d'une forêt. Elle devait être très angoissée. Mais peut-être pas, après tout. Peut-être est-elle morte sur le coup. En tout cas j'imagine que des heures se sont écoulées avant qu'un automobiliste ne la découvre.

La ceinture de sécurité, elle détestait être attachée. Les autoroutes, elle détestait, on n'en sort jamais, disait-elle, on en cherche en vain la fin dans un flux perpétuel de torrent ou de rapides furieux se ruant vers on ne sait quel abîme.

N'empêche. Si elle était restée sur l'autoroute au lieu d'emprunter ce qu'elle appelait les petites routes de campagne, à travers champs et villages, et bois et forêts.

N'empêche. Si elle avait attaché sa ceinture, elle n'aurait pas été éjectée de la voiture, et aussi, et surtout, j'oubliais, si Simon était rentré au lieu de faire le con, enfin passons.

On ne sait pas ce qui s'est passé. Moi j'entrevois deux hypothèses. Elle a dû croiser un type qui se croyait seul dans la forêt. Il roulait comme un fou. Il se faisait peur et en jouissait. Elle s'est trouvée nez à nez avec lui. Il sortait du virage. Elle y entrait. Pour l'éviter elle est sortie de la route. Ou alors elle conduisait trop vite, elle se dépêchait, sa phobie des forêts, elle voulait en sortir, le plus vite possible.

Je me dis aussi que si ce bonhomme, le témoin, ne s'était pas arrêté pour pisser, Suzanne serait restée dans ce trou de forêt en contrebas de la route je ne sais combien de temps encore, couchée dans un mélange frais de lierre et de mousse, près de sa voiture dont la dégringolade fut stoppée par les arbres.

Le témoin n'était pas seul. Il a appelé sa femme. Pour lui dire qu'il y avait une voiture renversée dans le décor. Viens voir. Où ça ? En bas. Tous les deux sont descendus voir.

Ils ont trouvé Suzie. Elle semblait morte mais on ne sait jamais. Faut prévenir les gendarmes. J'y vais, dit-il, toi tu restes avec elle. Certainement pas, dit sa femme, je ne veux pas rester toute seule dans cette forêt.

Ils se sont paraît-il disputés à propos d'un téléphone portable. Elle lui disait : Tu vois, si tu avais un portable, tu pourrais les appeler d'ici. Et son mari lui disait : Oui, mais de toute façon, je ne connais pas le numéro des gendarmes, alors que je sais où ils sont, alors j'y vais et toi tu restes ici.

C'étaient des gens du coin qui rentraient d'un repas de famille. Elle ne va pas te manger, ajouta-t-il pour rassurer sa femme qui répliqua : Elle ne va pas non plus s'envoler, laisse-moi venir avec toi.

Ou alors elle était en retard. Pourtant non. Quand elle a eu son accident elle se trouvait à environ cent kilomètres de Simon et quand les gendarmes ont téléphoné il était 18 heures, donc :

Le temps d'aller les chercher, aller et retour, le temps qu'ils s'occupent de tout, disons une heure en tout, l'accident avait dû se produire vers 17 heures. Elle n'était donc pas en retard. Elle n'a donc pas non plus passé des heures dans la forêt, couchée sur le sol frais au pied d'un arbre. On imagine, on se trompe, on invente dans les vides, les historiens font ça.

Ce que je voudrais, c'est qu'elle soit morte en regardant le ciel dans la cime des arbres, apaisée en quelque sorte par cette vision d'issue. A moins qu'elle ne se soit à ce moment-là désolée de ne pouvoir rejoindre Simon mais non, rien de tout ça, rien du tout, elle est morte sur le coup.

18.

Virtuel docteur en génétique, rocker nihi-
liste, Jamie Nardis, fils de Simon : Je venais
d'arriver chez mes parents. J'étais avec Anne.
Je venais voir si ma mère avait bien tout prévu
pour Dingo. Enervée comme elle l'était. A
cause de mon père. Je voulais m'assurer que
tout irait bien. J'en doutais, dit-il, car :
Dingo est un chat capricieux. Il ne mange
que dans un bol impeccable blanc. Ne va
jamais deux fois dans la même litière. Si on ne
satisfait pas à ces deux exigences il est capable
de tout saccager. Ce qui risquait de se produire
dans les prochaines vingt-quatre heures.
Anne et moi, me dit-il, nous devions nous
aussi nous absenter. On devait aller chez les

parents d'Anne. Je ne l'avais pas dit à ma mère.
Ça l'aurait contrariée. Elle n'aime pas les
parents d'Anne. Ne le répétez pas. Elle dit
qu'ils m'aiment trop. Comme si j'étais leur fils.
Mon crâne rasé, mes tee-shirts à tête de mort,
ils s'en foutent. Abrège, lui dis-je.

Bref, dit-il, pour éviter le pire à ma mère, tout
bien réfléchi, on avait décidé, Anne et moi,
d'emmener Dingo chez les parents d'Anne. Ils
sont gentils. Ils auraient compris. J'ignore
comment Dingo aurait réagi. Comment savoir
avec lui ? S'il aurait aimé les parents d'Anne ?
C'est une question, je suis d'accord. Mais peu
importe puisqu'on n'est pas partis. J'avais sorti
le panier pour lui et voilà que le téléphone sonne.

Anne n'osa pas répondre. Elle n'était pas
chez elle. Elle continua de préparer le panier
du chat et c'est Jamie qui décrocha.

Monsieur Nardis ? Une voix embarrassée,
prudente. Vous y êtes, dit Jamie. Hésitante : Je
suis bien chez monsieur Nardis ? Je viens de
vous le dire, dit Jamie. La voix : Et c'est à
monsieur Nardis que j'ai l'honneur de parler ?
En personne, dit Jamie, mais je suis pressé, si
vous pouviez accélérer.

La voix : Monsieur Simon Nardis ? Ah non, dit Jamie, c'est à son fils que vous avez l'honneur de parler, et il est pressé. La voix : Votre père n'est pas là ? Non, dit Jamie, il est en voyage, pourquoi, il s'agit de quoi, et d'abord vous êtes qui ? La gendarmerie, dit la voix.

Anne avait fini de préparer le panier. Elle regardait son fiancé. Se demandait ce qui se passait. Son regard l'interrogeait. Jamie boucha le micro de l'appareil : C'est la gendarmerie, dit-il. Anne et lui se sont regardés deux ou trois longues secondes jusqu'à ce que : Vous êtes là ? dit la voix.

Je suis là, dit Jamie, mon père n'est pas là mais moi je suis là, qu'est-ce qui se passe ? C'est votre mère, dit le gendarme. Jamie : Quoi, ma mère ? Elle a eu un accident, dit le gendarme. Jamie : Où ça ? Le gendarme précisa l'endroit dans un style de coordonnées maritimes. On a dégagé la voiture, dit-il. Jamie : Je me fous de la voiture. Elle est en état de rouler, dit le gendarme. Jamie : Et ma mère ?

Les pôles d'émotion s'inversaient. La voix du gendarme devenait ferme, forte. Celle de Jamie faiblissait. Le gendarme n'avait plus peur. Jamie si, ça commençait. La trouille était passée du gendarme à Jamie.

On l'a transportée à l'hôpital. Le gendarme précisa l'endroit, l'hôpital, tel hôpital à tel endroit. Jamie : Elle est blessée ? Réponse : Oui. Jamie : Et c'est grave ? Réponse : Oui, assez. Jamie : Comment ça, oui assez, ça veut dire quoi ? Réponse : pas de réponse. Jamie : C'est si grave que ça ? Pas de réponse. Jamie : Elle est morte, c'est ça ? Oui, dit le gendarme. Les yeux d'Anne étaient passés par toutes les couleurs, toutes les formes. Elle suivait la conversation. Si on peut dire. N'entendait que les questions.

Lorsqu'à nouveau Jamie la regarda, quand il eut raccroché, finissant de noter les coordonnées de l'hôpital, les recopiant en clair, d'une écriture cette fois lisible, les yeux d'Anne avaient doublé de volume sous la loupe des larmes.

Dingo s'était planqué à la vue du panier. Au bruit même que faisait le panier d'osier. Il détestait les voyages en panier. L'osier signifiait vacances ou vétérinaire. Alors non. Je me planque.

Jamie ne pleura pas. Il avait peur. Toutes capacités bloquées, le cerveau en roue libre, il brassait des milliers de décisions. Rester comme ça, paralysé, ce serait bien. Non. Il regarda Anne. Puis le panier. Pensa le chat. Les parents d'Anne, puis prononça : Il faut que je prévienne papa, toi tu préviens tes parents qu'on n'y va pas, tu viens avec moi ? Evidemment, dit Anne. Appelle-les pendant que je réfléchis, dit-il, et il commença à tourner en rond.

Il me cherche, pensa Dingo planqué sous le canapé. Puis Jamie se souvint des paroles de sa mère : J'ai laissé l'adresse et le numéro de l'hôtel à côté du téléphone. Il retourna près du téléphone.

Anne parlait à ses parents. Il tourna autour d'Anne. Il essayait de voir si quelque papier traînait sur le guéridon. Anne se coupa la parole. Elle parlait avec sa mère : Qu'est-ce que tu cherches ? Rien du tout, dit Jamie. Il s'énervait. S'éloigna du guéridon puis s'écria : Elle n'a rien laissé du tout.

Et il s'apprêtait à l'injurier. Il le faisait souvent. La mère souffre-douleur. Très coléreux et grossier avec elle. Il oubliait qu'elle était morte. Ne pouvait le concevoir et l'idée qu'il ne pourrait plus passer ses nerfs sur elle lui causa une irrépressible envie de frapper qui se traduisit par un violent coup de pied dans le canapé.

Dingo planqué se replia davantage. A reculons se glissa tout au fond. On ne pouvait plus le voir. Pensa même qu'on allait l'oublier et de fait on l'oubliait.

Anne, plus calme, trouva la solution. Jamie dans sa panique, disons sa précipitation, avait soulevé la feuille du bloc qui portait l'écriture de sa mère. Et sans l'arracher l'avait tournée puis fait passer sous le bloc. Le voilà, dit Anne, j'ai le numéro de l'hôtel, calme-toi, appelle ton père.

19.

Il était 18 h 15. Simon ne se trouvait pas à l'hôtel quand son fils a téléphoné. Il avait retenu une chambre, la même, la 12, dans la perspective d'y accueillir Suzanne, d'y passer la nuit en sa compagnie mais ne s'y trouvait pas quand Jamie l'a appelé.

La réception confirma la réservation. C'était le jeune homme du service de jour, celui qui renseigna Simon sur le départ des trains, étonné qu'il ne soit pas parti : Il n'est finalement pas parti, dit-il à Jamie, un garçon de son âge : Il a repris sa chambre et il attend madame Nardis.

La conversation avait débuté comme suit, dans un style de hachoir peu aimable : Mon-

144

sieur Nardis est absent pour le moment. Il a
téléphoné plusieurs fois. Pour savoir si madame
Nardis était arrivée. Nous l'attendons aux envi-
rons de 19 heures. Au plus tard, m'a dit monsieur Nardis, dit le jeune homme à Jamie qui
demande :

Et vous savez où il est, en ce moment, je suis
son fils, c'est mon père, j'ai absolument besoin
de le joindre, c'est très important. Probablement à la plage, dit le jeune homme, enfin je
suppose, il fait beau, il profite sans doute de la
mer.

Et elle est loin, cette mer, je veux dire cette
plage, vous ne pouvez pas aller le chercher ?
hasarda Jamie. Non, je suis désolé, je ne peux
pas m'absenter, regretta le jeune homme, mais
par contre, ce que je peux faire, c'est lui demander de vous appeler quand il rappellera, il doit
rappeler dans une demi-heure pour savoir si
votre mère est arrivée, je veux dire madame
Nardis, qui je suppose est votre mère, vous
n'avez qu'à me laisser votre numéro et puis.

Inutile, dit Jamie, dites-lui simplement
d'appeler d'urgence chez lui, de la part de son
fils, car je suis bien son fils, quoi que vous

puissiez penser, et madame Nardis est ma mère.

Je n'en ai jamais douté, répondit le jeune homme avec amabilité. Jamie Nardis raccrocha puis se demanda ce que son père, Simon Nardis, époux de sa mère, Suzanne Nardis, pouvait bien faire tout seul dans ce bled au bord de la mer.

Cette localité n'était ni un bled ni un trou. C'était une ville moderne et on y trouvait tout. Des banques, un casino, des banques, trois cinémas, soit vingt-quatre salles, autant de films, une multitude de restaurants, d'hôtels, des boîtes de nuit et même un club de jazz. Simon un soir y descendit pour prendre un verre et fit la connaissance de madame Debbie Parker, américaine, propriétaire du club, chanteuse et femme ravissante.

Le lendemain, sur la plage, vers 14 h 45, Debbie prétendit avoir faim. Simon suggéra qu'on aille déjeuner. Encore qu'à cette heure-ci, je doute qu'on nous serve, dit-il. Allons chez moi, dit Debbie. Je n'ai pas faim, pensa Simon, les cinq croissants au beurre, je les ai toujours sur l'estomac, sans doute mon plongeon dans l'eau froide, ça contrarie la digestion, une bonne tasse d'eau salée, j'ai dû penser qu'elle était sale.

Debbie avait commencé à marcher dans le sable. Son sac de piscine sur l'épaule elle remontait la plage dans sa robe bleue. Simon la suivit jusqu'à la voiture. Vous me laissez conduire ? dit-il. Si vous voulez, dit Debbie, mais je croyais qu'on se tutoyait. Ah oui, c'est vrai, dit Simon, alors tu me laisses conduire ? Si tu veux, dit Debbie.

Chez Debbie il y avait un piano. Simon quand il le vit pensa c'est bien d'en avoir un chez soi. On peut le toucher, bah oui, le caresser, eh oui, le regarder, bah oui, et même en jouer.

L'instrument noir occupait l'angle près d'une fenêtre de la grande pièce claire, assez nue dans l'ensemble, ne comportant qu'une bibliothèque, quelques bricoles et un canapé gris.

Simon, le piano, quand il le vit pensa : J'aurais peut-être dû accepter l'idée d'en avoir un chez moi. Je n'en serais pas là, pensa-t-il. Où en serais-tu ? Je ne sais pas. Probablement nulle part. En tout cas je ne serais pas ici avec cette femme, que j'aime c'est évident, plus que jamais aucune femme, mais j'aime aussi ma femme et je l'attends : Pense à appeler l'hôtel, se dit-il.

Le piano à la maison c'était l'idée de Suzanne. Elle pensait : présence de l'instrument à domicile : prévention de toute rechute ou récidive : désir de fuite ou fugue.

Simon avait dit non : chez moi c'est tout ou rien : je fonctionne en tout ou rien, comme une vieille chaudière : si je ne peux plus avoir tout, je ne veux plus rien. Il était comme ça, Simon. Il tourna le dos à tout.

Il était bon lecteur, pourtant, excellent pianiste, il aurait pu acheter des partitions, s'initier, s'exercer à jouer Bach ou Bartok, Haydn ou Schubert, Ravel ou Beethoven, Mozart ou Schumann, ou Debussy, que sais-je, oui mais non. Ces compositeurs il se contentait de les écouter, joués par d'autres pianistes. C'est bien ça, laisser à d'autres la responsabilité de jouer. Je suis ce que j'ai toujours été, me disait-il, un irresponsable.

Quelle tristesse. Enfin bref. Debbie jouait

chaque jour sur le sien, pour elle seule, son plaisir. S'accompagnant elle chantait des choses comme *Love for Sale* ou *Never Let Me Go*.

Simon n'en écoutait plus du tout, du jazz. S'il avait eu un piano chez lui, il en aurait sûrement joué, du jazz, et, à un moment donné, il en aurait eu assez, de jouer seul, il aurait réclamé un bassiste, un batteur, sûrement et ça, Suzanne ne pouvait les lui procurer, alors il serait allé les chercher, là où ils sont, il aurait rejoint sa rythmique, son complément naturel, et sans doute aurait-il replongé dans ce mélange mortel, mortel pour lui et quelques autres comme lui : nuit, jazz, alcool, drogue, femme, jazz, nuit.

20.

Les partitions étaient sur le pupitre. Debbie dans le coin cuisine se préparait un repas français. Elle cuisinait très bien. Simon s'en rendit compte plus tard. Là c'était rien, juste un petit plat. L'odeur de son omelette agrémentée se répandait dans la grande pièce. Simon improvisa sur *Never Let Me Go*.

Ce sont des choses qui arrivent. Tout se passa comme s'il n'avait jamais pris garde au sens de ce titre. Il se promenait, swinguait amoureusement dans les volutes mineures dudit morceau, puis, à un moment donné, levant les yeux sur le pupitre, il déchiffra les mots, les traduisit, en gros, par : *Ne me laisse jamais partir.* Le cœur soudain serré Simon pensa : N'oublie pas d'appeler l'hôtel. Quelle heure est-il ? 15 h 30. Suzanne roulait vers Simon.

Tu ne veux pas y goûter ? dit Debbie. Elle mangeait en se promenant, s'arrêta derrière lui. Non, dit-il, merci, je n'ai pas faim, juste un verre de vin. A ce moment précis, était-ce l'odeur de l'omelette, la voix de Debbie derrière lui, la beauté du piano, le charme de cette mélodie, la lumière dans la pièce, sans doute toutes ces choses réunies, Simon pensa qu'il ne rentrerait plus jamais chez lui. Mais ça, encore, ça n'est pas le plus terrible.

Le plus terrible, me disait-il, c'est d'avoir souhaité la mort de Suzanne, une mort qui règle tout, qui libère tout le monde. Il me disait l'avoir pensé, pas sérieusement bien sûr, mais l'avoir pensé comme solution aux problèmes à venir, au conflit déjà là, présent, toujours le même.

Il me dit j'ai souhaité qu'elle se tue sur la route et je n'ai jamais regretté d'avoir eu cette pensée, et quand j'ai appris qu'elle s'était tuée je l'ai remerciée, oui, remerciée, tu ne peux pas comprendre, me dit-il.

Je crois que si. Une fois de plus Suzanne s'était montrée extraordinairement généreuse, comme si elle avait pensé : Si c'est ça que tu veux, si c'est comme ça que tu penses être heureux, je te libère de moi, je n'existe pas. Mais Suzanne n'a pas pensé ça. Elle venait chercher Simon pour le ramener chez elle, le protéger, le garder, pour elle, c'est normal, naturel.

Debbie n'était ni inconsciente ni indifférente à ce qui se tramait. Elle mangeait son omelette, se baladait avec son assiette dans la grande pièce pleine d'une lumière de mer, en passant chantonnait sur l'air que Simon jouait mais elle savait ce qui se tramait. N'oublie pas de l'appeler, dit-elle, et quand elle sera là, on se quittera.

Non, dit Simon sans cesser de jouer, comme si son émotion se trouvait plus libre d'être pensée sans cesser de jouer, comme si, musicalement jouée, son émotion trouvait à s'exprimer : Non, dit-il, on ne se quittera pas, je repartirai sans doute avec elle mais on ne se quittera pas, jamais, plus jamais.

Le rire de Debbie. Elle le trouvait touchant, si charmant avec son plus jamais. Elle posa son assiette sur le piano, vint tout contre son dos, posa les mains sur ses épaules et à plusieurs reprises l'embrassa dans les cheveux. Personne ne lui avait fait ça depuis sa mère. Suzanne roulait vers lui. Pense à appeler l'hôtel, se dit-il. Il téléphona une première fois vers 16 heures. Il souhaitait rappeler au jeune homme de la réception que madame Nardis arriverait entre 18 et 19 heures. Vous avez bien noté ? dit-il. Oui, monsieur, dit le garçon. Et puis, ajouta Simon, répétant ce qu'il avait déjà dit, qui d'ailleurs allait de soi : Si madame Nardis arrive un peu plus tôt, qu'elle m'attende dans la chambre, elle sera sûrement très fatiguée, vous lui donnerez la clef, n'est-ce pas ? Bien entendu, monsieur, dit le jeune homme.

Simon rappela une deuxième fois vers 17 h. L'échange fut bref. Pas de message ? Madame Nardis n'a pas appelé ? Non, monsieur. Je rappellerai dans une heure.

Entre 16 et 17 heures Debbie tenta de nouveau d'entraîner Simon dans l'amour. Non pas de nouveau, la première fois elle n'avait rien tenté. Elle voulut l'entraîner sous prétexte que sans doute ils n'allaient plus se revoir. Simon, inquiet, refusa sous prétexte qu'à son âge, deux

153

fois dans la même journée, c'était trop demander. Debbie jugea la réponse de Simon non seulement vulgaire et attendrissante mais erronée. Elle entreprit de lui montrer qu'il se trompait.

Ensuite il eut faim. Il réclama lui aussi une omelette. La même, dit-il. Debbie n'avait plus d'œufs. C'est bête, dit Simon. Je vais en chercher, dit Debbie. Mais non, dit Simon, allons. Alors Debbie a réfléchi puis elle a dit : Que dirais-tu d'un peu de saumon ? Alors Simon : Avec un verre de vin, blanc, sec, frais, et puis un peu d'aneth sur le poisson, c'est possible ? Bien sûr, mon petit Simon chéri, répondit Debbie avec un baiser pour le faire patienter.

Un grand coup de bonheur dans la poitrine le renversa sur le canapé. De peur que l'instant passe il n'osait plus penser. Comme on retient son souffle, il retenait sa pensée.

Quand ce ne fut plus possible, sinon le cerveau étouffe, quand sa conscience asphyxiée lui rappela qu'il devait téléphoner, il protesta, engueula sa conscience : Oui, oui, dit-il, je sais, je sais, inutile de me le rappeler.

C'est à peu près à ce moment-là que Simon, qui se sentait si bien, souhaita que Suzanne n'arrive pas. Suzanne se tuait à peu près à cette heure-là.

Simon rappela l'hôtel vers 18 h 15. Suzanne ne roulait plus vers lui. Le train qu'il aurait dû prendre avait depuis longtemps rejoint Paris. Puis de nouveau une demi-heure plus tard, soit à environ 18 h 45. Le garçon allait quitter son service. J'ai un message pour vous, dit-il. Ah bon ? dit Simon, madame Nardis à téléphoné ? Non, dit le garçon, madame Nardis n'a pas téléphoné, c'est votre fils, monsieur Jamie Nardis, qui a téléphoné, c'est bien votre fils ? Allô ? Vous êtes là ?

Debbie regardait Simon. Lui aussi la regardait. Oui, dit-il, je suis là, excusez-moi, je réfléchissais. Donc mon fils a appelé. Et alors ? Qu'est-ce qu'il voulait ?

Je ne sais pas, dit le jeune homme, il m'a simplement dit qu'il vous fallait d'urgence rappeler chez vous. Simon : Le rappeler lui ou rappeler chez moi ? Le jeune homme : Il a juste dit : Dites-lui qu'il rappelle d'urgence chez lui, c'est clair, il me semble, non ? Oui, dit Simon, merci.

21.

Chez Simon à Paris c'est le silence. Pas le vide, Anne et Jamie et Dingo sont là. Le silence. Pas l'absence de bruit, on entend le boulevard en bas, assourdi par une distance de six étages et trois fenêtres à double vitrage. Le silence comme absence de paroles. Il est presque 19 h. Dingo toujours planqué sous le canapé va peut-être tenter une sortie. Le télé-phone sonne.

Anne et Jamie se regardent. Dans ce regard qu'ils échangent il y a tout ce qu'ils se sont dit pour se rassurer, tout ce qu'ils ont pensé sans se le dire pour éviter de se torturer, toutes paro-les et pensées tendues vers le téléphone ne visaient qu'à l'entendre sonner. Et voilà qu'il sonne. Et chacun regardant l'autre se rend compte que l'inquiétude entre eux se débattait dans une question qu'aucun d'entre eux, durant la petite heure qui venait de s'écouler, n'osa clairement poser :

Comment va-t-il, comment vais-je, le lui annoncer ? Le téléphone sonnait. Simon là-bas dans la pièce claire ouverte sur la mer s'impatientait. Il était sur le point de raccrocher. Tu veux que je réponde ? dit Anne. Le visage décomposé Jamie répondit non, laisse-moi faire. Il s'approcha du téléphone. Alors qu'il décrochait, une pensée le prit de vitesse : Et si je lui cachais la vérité ?

Oui, pourquoi pas ? Seulement voilà, un mensonge, un vrai, beau comme la vérité, pour que ça tienne et dure et puisse tout assumer jusqu'au fond des générations, il faut le préparer, le travailler, sinon, tôt ou tard, le langage s'y prend les pieds.

Jamie, par exemple, sans espoir, aurait pu improviser et dire à son père : Reste où tu es, inutile de rentrer, maman est partie avec un Argentin, elle en avait marre de toi, elle m'a chargé de te le dire, alors continue à faire le zouave, picole, joue du jazz, maman ne viendra pas.

Dingo, pointant le bout de son nez, vit que le panier n'était pas rangé. Il retourna sous le canapé.

Allô, fit Jamie. C'est moi, dit Simon, c'est papa, tu m'as appelé, tu savais où j'étais ? Oui, dit Jamie, maman m'avait laissé le numéro de ton hôtel. Ah bon, dit Simon, très bien, mais alors dis-moi, pourquoi tu m'appelles, qu'est-ce qui se passe, ta mère ne vient pas, pourquoi elle n'appelle pas elle-même, elle est partie avec son patron ?

Jamie : Ça t'arrangerait bien. C'est vrai, mon garçon, dit Simon, ça m'arrangerait, tu veux que je te dise pourquoi ? Non, dit le garçon. Je vais te le dire quand même, répliqua le père : J'ai fait la connaissance ici d'une femme extraordinaire, celle dont on se dit c'est la femme de ma vie, et depuis je n'ai qu'une idée en tête, me marier avec elle et puis.

Et puis quoi ? dit Jamie. Et puis rejouer du piano, recommencer, reprendre mon métier, dit Simon, tu comprends ? Oui, dit Jamie, je comprends, mais moi alors, qu'est-ce que je vais dire à maman ? La vérité, dit Simon, juste la vérité. Et il s'apprêtait à ajouter : Mais tu n'auras pas à t'en charger, c'est à moi de le lui dire. Il entendit un bruit, comme si le téléphone venait de tomber.

Anne prit le relais. Elle s'empara du téléphone tout chaud, mouillé de sueur, larmes, morve, Jamie n'arrêtait pas de renifler. Simon pensa ce petit est enrhumé. Allô, monsieur Nardis, dit Anne, c'est moi, Anne. Ah c'est vous, dit Simon, bonjour ma petite Anne, alors qu'est-ce que vous fabriquez, pourquoi maintenant c'est vous qui me parlez, il est fâché ?

Non, dit Anne. Alors quoi, qu'est-ce qu'il a, il se mouche, il est enrhumé ? Il pleure, dit Anne. A cause de moi ? Mais je plaisantais, voyons, il sait bien que je plaisante toujours. Je sais, dit Anne, avec moi aussi vous plaisantez toujours, mais c'est pas pour ça que Jamie pleure. Simon : Alors pourquoi, allez-vous à la fin me dire ce qui se passe ?

Anne sentit son courage se liquéfier, une sensation de corps qui se vide, elle aussi allait se mettre à pleurer. On lui faisait mal. Elle répli-

159

qua, se défendit, décida de foncer, tout droit, enfin presque :

Suzanne a eu un accident, dit-elle. Ça ne m'étonne pas, dit Simon, elle conduit comme un pied, quelle idée aussi de venir me chercher, et maintenant je suppose qu'il faut la dépanner, elle est où ? A l'hôpital, dit Anne. Bon sang, dit Simon, vous ne pouviez pas me le dire plus tôt ?

Suzanne a eu un accident, dit-il à Debbie, elle est à l'hôpital. Et c'est grave ? dit-il à Anne. La vérité n'avait fait qu'un léger détour. Elle touchait à sa fin. Anne se lança. Ou plutôt elle lança son projectile et après se crispa, priant pour un minimum de dégâts. Et durant le laps de temps qui sépare le tir de l'impact, comme on attend une explosion, elle attendit la réaction de Simon

Celle-ci monta du fond de l'espace sous forme de notes sourdes, percutées dans l'extrême grave, en quelque sorte un grondement zen, progressant vers le haut, un juron répété crescendo. Anne perçut bientôt des nom de dieu aigus, comme sifflés. Ensuite ce fut confus.

La même chose, à peu près, la même scène, se produisit à Paris et au bord de la mer. D'un côté, à Paris, Anne dans les bras de Jamie. De l'autre, au bord de la mer, Simon dans les bras de Debbie. Mêmes gestes de consolation. Sauf que dans un cas, celui de Paris, l'étreinte est légitime. Alors que dans le cas du bord de la mer :

Elle est morte, répétait Simon dans les bras de Debbie qui insensiblement le berçait comme un enfant : Tu te rends compte ? répétait-il. Je suis là, disait Debbie, c'est toujours ce qu'on dit, le serrant dans ses bras.

Elle était là avec lui et Suzie était toute seule à la morgue de l'hôpital, le front froid en attente d'un baiser.

Entre les deux hommes, le père et le fils, il fut convenu de pleurer un bon coup dans les bras de sa bien-aimée pour ensuite se rappeler. Qu'est-ce que tu comptes faire ? demanda Debbie à Simon avant que celui-ci ne rappelle son fils. Il faut que j'y aille, dit Simon, j'ai besoin d'un verre, tu me donnes un verre ? Debbie lui donna un verre.

Simon m'avoua que c'est à ce moment-là,

quand il but son verre, à cause de ça, à cause de ce verre, qu'il eut pour Suzie cette bouffée de reconnaissance. Scandaleusement, me disait-il, je la remerciais de me laisser libre. On ne peut pas être plus seul, ai-je pensé. Je pensais bien sûr à Suzie mais aussi à lui.

Je vais t'y conduire, dit Debbie. Simon rappela Jamie. Il devait être 19 h 15. L'heure n'a plus d'importance. Je me demande quand même où en était la lumière dans la grande pièce au bord de la mer. A Paris aussi elle devait être belle. Elle est belle à cette heure-ci, à cette époque-ci, début juin, pour ceux qui restent et l'apprécient.

On se soucia encore de l'heure quand la question se posa de savoir quand se retrouver là-bas à l'hôpital où est maman, dit Jamie à son père. En effet, pour les deux couples, le jeu, la distance était inégale. Anne et Jamie avaient à couvrir environ 400 kilomètres. Simon et Debbie, une centaine. Comment faire ?

Simon conseilla à son fils d'attendre le lendemain. Jamie refusa. Je préfère partir maintenant, dit-il. Bon, dit Simon, comme tu voudras, d'ailleurs moi aussi je vais partir maintenant,

n'est-ce pas, Debbie ? A qui tu parles ? dit
Jamie. A Debbie, dit Simon, elle va m'emmener
dans sa voiture, et puis toi fais attention, sois
prudent, tu m'entends ?

22.

Avant de partir pour l'hôpital Simon me disait avoir pensé à moi en regardant par la baie vitrée. Il était évidemment gravement préoccupé par le sort de Suzie et pourtant il a eu cette pensée. Abattu par la mort de Suzie, assommé de liberté et pourtant il a eu cette pensée. Bouleversé par la nouvelle qui venait de tomber, devant lui, à ses pieds, comme une offrande ou une bombe, creusant un cratère qu'il envisageait néanmoins de contourner pour continuer.

A vivre, me disait-il, et je regardais par la baie en attendant Debbie qui se préparait, elle avait à se changer et à passer quelques coups de fil. Et à un moment donné j'ai regardé sur la gauche et j'ai vu, au dernier étage mansardé d'un immeuble, une fenêtre aveuglée par un store vert, qui s'inscrivait dans le plan gris du toit en zinc, et au-dessus du toit une bande de ciel bleu avec un nuage blanc. Et en dépit de mon bonheur trempé de chagrin, ou de mon chagrin éclairci par un bonheur qui se présentait comme une percée de soleil dans un ciel de plomb, j'ai pensé à toi, je me suis dit tiens, si j'étais peintre.

Je suis prête, dit Debbie. On peut partir maintenant, dit-elle, si tu veux, quand tu voudras, est-ce que ça va ?

Oui, ça allait. Ça ira. Pour l'instant ça va, pensa-t-il. Il appréhendait de voir sa Suzie morte. C'est comme si j'y étais, pensa-t-il. Tu sais où c'est ? dit-il à Debbie. Elle savait, oui. Tant mieux, dit-il, parce que moi. Elle lui proposa de conduire. Je préfère pas, dit-il.

Simon avait conduit cette Porsche pour revenir de la plage. Il en rêvait. Eh bien voilà, c'est fait. Plus sérieusement il rêvait de connaître avant la fin de ses jours un grand amour. Eh bien voilà, c'est là, ça le regarde, ça lui parle, ça lui dit : On y va ?

Il rêvait également, depuis près de quinze ans, de jouir de nouveau d'un piano. Eh bien voilà, c'est possible. Et Suzie dans tout ça ? C'est le prix des choses, me disait-il. Sa théorie du prix des choses. Il m'a souvent parlé de cette théorie.

Debbie s'était changée. Elle s'était mise en jeune garçon. En pantalon ses jambes semblaient encore plus longues. Simon eut honte de l'admirer. C'est comme ça, se dit-il, je paie, je paie déjà, je paierai autant qu'il le faudra, et un jour, peut-être, j'aurai la paix, peut-être.

Debbie tourna la clef de contact. Vous écoutez France Inter, il est 20 heures, dit l'autoradio. Debbie le fit taire. C'est idiot. La peur qu'on parle de Suzie. Bien entendu l'autoradio n'aurait rien dit. Personne ne savait pour Suzie.

Son accident de rien, survenu dans une forêt de rien, personne n'en savait rien, sauf Simon et Debbie, Anne et Jamie, les parents d'Anne, l'ingénieur : oui, il a téléphoné pour remercier Simon de l'avoir sauvé, lui, son week-end, sa femme et sa petite fille.

Il est tombé sur le fils Nardis. Mon père n'est pas là, lui dit Jamie, il est parti voir ma mère, sa femme, à l'hôpital, elle a eu un accident de voiture, elle est morte.

Sa femme s'est tuée en voiture, dit l'ingénieur à la sienne, tu te rends compte, c'est peut-être de ma faute, tu crois que je peux lui envoyer des fleurs ?

Il était 19 h 45. Puis Anne et Jamie sont partis avec le chat. Oui, je dis bien, avec le chat. Il s'est passé cette chose extraordinaire. En vérité deux choses extraordinaires se sont passées. Pour l'instant tenons-nous-en à la première.

Au moment de partir, Anne et Jamie ont vu Dingo sortir de sous le canapé et sauter dans le panier. Oui, comme s'il avait compris qu'il ne reverrait plus Suzie. Que son unique chance de la revoir était là, dans ce panier.

Blotti au fond de sa cage d'osier, il les regardait, Jamie et Anne, l'air de leur dire : Pas d'histoires, j'y vais aussi. Ça les a fait encore pleurer et puis ils ont fermé le panier. A 20 heures, ils roulaient tous les trois sur le boulevard périphérique en direction de l'autoroute de la mer.

Le cabriolet bleu de Debbie roulait le long

de la mer. Pour le moment elle ne pouvait pas s'éloigner de la mer. La route longeait la mer. Il existait un chemin plus direct pour rejoindre les terres et les traverser mais Debbie avait eu ce souci d'esthète de penser, alors que le soir tombait et que les couleurs devenaient proprement douloureuses, qu'emprunter la route de la côte serait apaisant pour Simon.

En effet, ça l'apaisait. Bien calé dans le siège passager, à travers le treillis flou des plantes sauvages du bas-côté, Simon regardait l'océan, qui, lui, tournait lentement, forcé de resplendir encore un peu sous un disque de feu, sûrement le soleil.

Et pour la première fois Simon quittait la mer sans amertume, sachant qu'il allait revenir, non pas l'année prochaine comme chaque fois à la fin des vacances, mais bientôt, tout de suite, dans quelques jours, juste un saut et retour.

Il soupira, puis, quand on quitta la mer, il commença de sérieusement pleurer Suzie. Il pensa que peut-être elle n'avait pas eu le temps de revoir sa vie. Il la revit pour elle. Le fit pour elle et lui. Et tandis que Debbie conduisait à présent dans les terres, il ouvrit la grande boîte des photographies, en tira tout un tas, de tous formats et les classa.

J'ai dû m'endormir un moment, dit-il à Debbie. Réveillé, il se soucia du chat. Se demanda ce que Dingo allait devenir. Si Jamie allait accepter de le prendre avec lui. Si Anne serait d'accord. Sinon, pensa-t-il.

Tu aimes les chats ? Non, dit Debbie, je les ai en horreur, pourquoi ? Pour rien, dit Simon, c'est encore loin ? Et disant ça il revit son Jamie tout petit qui en voyage n'arrêtait pas de dire : C'est quand qu'on arrive ?

Il était tuant, dit Simon. Qui ça ? dit Debbie, ton chat ? Non, dit Simon, le petit, à peine partis ça commençait, au début Suzie ça la faisait rire, moi je conduisais, je la regardais, l'air de dire : Tu crois qu'il va se taire ?

On arrive, dit Debbie. Il était 21 h 30. L'hôpital dormait. Ça n'encourage pas, on dérange. Et puis cette chaleur quand on entre. Et puis cette odeur, de serre, de vivarium.

Debbie suggéra de laisser Simon seul. Surtout pas, dit Simon, non, s'il te plaît, reste avec moi, à moins que ça ne t'ennuie. Mais non, dit Debbie. Elle l'embrassa.

La bonne femme de l'accueil avait dû les voir s'embrasser. Vous êtes de la famille ? dit-elle.

Je suis son mari, dit Simon. La bonne femme opina puis regarda Debbie. Pas le mari de cette dame, dit Simon, le mari de madame Suzanne Nardis, que vous avez dû mettre quelque part en attendant que je vienne.

Simon manqua s'évanouir en entrant dans la pièce nue. Il faisait noir. Les néons s'allumèrent. Simon se tournant vers la bonne femme lui demanda pourquoi elle avait éteint la lumière. Vous pensiez que je n'allais pas venir ? Vous l'avez laissée dans le noir ? La bonne femme ne répondit pas puis se retira.

Un tel silence. Les néons grésillaient. Simon flancha une nouvelle fois. Debbie lui broya la main dans la sienne. La douleur le redressa. Il se pencha. Ma petite Suzie, dit-il. Il appuya ses lèvres sur le front froid puis recula vaguement terrorisé.

23.

22 heures. Il faisait nuit. Anne et Jamie ne se trouvaient qu'à mi-chemin. Jamie détestait conduire la nuit. Il n'arrêtait pas de répéter : Je ne vois rien. Pour ensuite ajouter : A quelle heure on va arriver ? Il s'adressait à Anne sans la regarder. Ses yeux d'halluciné demeuraient captifs des phares, hypnotisés. Anne ne lui répondait plus. Au début elle répondait on verra bien et puis plus rien.

Tu ne réponds pas ? Tu t'en fous ? Tu dors ? C'est pas ta mère, c'est pour ça. Si c'était ta mère tu te soucierais de l'heure comme moi. On ne sera pas là-bas avant minuit. Je le sens. Tu entends ? Je le sens. 23 heures, dit Anne, 23 h 30. Jamie : Tu crois qu'ils nous laisseront

171

la voir ? Oui, dit Anne, c'est ouvert toute la nuit.

Tout à coup Jamie en eut assez. Dingo dans son panier n'arrêtait pas de miauler. Jamie dit : Sors-le de là. Chacun sait que les plaintes du chat ressemblent à des pleurs de bébé. C'est insupportable quand on est fatigué, soi-même dans la peine.

Libère-le, dit Jamie, laisse-le aller, je le connais, il va se coucher sur la banquette, il va être sage, pas vrai, Dingo ? dit-il sans se retourner.

Anne se retourna et tendit le bras. Le panier était trop loin. Arrête-toi, dit-elle, je n'y arrive pas. Non, dit Jamie, je ne m'arrête pas, enlève ta ceinture et débrouille-toi, merde alors, c'est quand même pas compliqué.

Ils avaient quitté l'autoroute. Obligés de la quitter pour obliquer vers la ville où se trouvait l'hôpital. Ils roulaient maintenant sur des petites routes. Mal matérialisées. Virages peu signalés. Destinations rarement rappelées. Jamie épuisé avait peur de se perdre. Anne, le corps basculé sur le dossier de son siège, ouvrit le panier.

A peine libéré Dingo poussa un miaulement grave et sauta sur l'épaule de Jamie, lui plantant ses griffes dans le cou. Jamie fit un premier écart. Attention, cria Anne. Elle s'efforçait de remettre sa ceinture. Jamie redressa tout en essayant de se débarrasser du chat qui continuait de lui labourer le cou.

Affolé par les cris, la nervosité, l'extrême tension ambiante, Dingo se décrocha de l'épaule de Jamie et sauta sur le plancher, se fourrant dans ses jambes puis sous ses pieds. Jamie essayant de le chasser fit un nouvel écart. Plus grand. La voiture quitta la route. Sans gravité. Pas de fossé, terrain plat et dégagé. Plus de peur que de mal.

Jamie, hors de lui, ouvrit sa portière et descendit. Dingo en profita pour se barrer. Jamie le vit s'enfuir dans les phares. Viens ici, abruti, hurla-t-il, reviens tout de suite. Un instant il tenta de le poursuivre. Renonça au-delà des phares, il faisait noir. Après tout, je m'en fous, pensa-t-il. Puis il revint s'asseoir dans la voiture et de nouveau pleura de fatigue : Qu'est-ce que je vais dire à mon père ?

Dingo dormait avec Suzie quand Simon ne rentrait pas. Il dormait avec elle sur le lit. Il se mettait contre son ventre, dans le creux de sa

173

hanche. C'est comme ça, dans cette position, qu'on le trouva. La radio cette fois en parla.

Vous écoutez France Inter, il est 13 heures. Avant d'ouvrir cette édition de la mi-journée, une petite fable, que pour ma part je trouve très tendre, de nature à vous émouvoir, je l'espère, et qui peut-être nous rendra meilleurs :

Nous venons d'apprendre qu'un chat, nommé Dingo, tout noir avec un collier rouge, aurait semble-t-il dans la nuit parcouru plus de cent kilomètres pour rejoindre la morgue de l'hôpital où gisait sa maîtresse victime d'un accident de la route :

Donc, vous qui devez rentrer ce soir : prudence, prudence. La journée sera rouge.

Ma femme Jeanne était dans la cuisine quand elle entendit ça. Jeanne écoute toujours la radio quand elle est dans la cuisine. On avait des invités, comme chaque week-end quand les beaux jours reviennent.

Au cours du déjeuner en plein air embaumé de tilleul sous le grand parasol, Jeanne entre deux chants d'oiseau me dit : Il s'appelle comment, déjà, le chat de Suzie ?

CET OUVRAGE A ÉTÉ ACHEVÉ D'IMPRIMER LE
ONZE JUILLET DEUX MILLE DEUX DANS LES
ATELIERS DE NORMANDIE ROTO IMPRESSION S.A.S.
À LONRAI (61250) (FRANCE)
N° D'ÉDITEUR : 3744
N° D'IMPRIMEUR : 021540

Dépôt légal : juillet 2002